KB230777

사회복지적
리더십

사회복지적 리더십

| 김성철 지음 |

한국학술정보㈜

추천의 글

리더십의 3대 기본 요소는 지도자, 추종자, 상황이다. 기독교적 리더십도 이 세 가지 요소를 다 가지고 있다. 그러나 기독교적 리더십은 그 목적부터가 세속적인 기업이나 정치 단체의 리더십과 구별된다. 기독교의 리더십은 그 기초가 성경에서 비롯되어야 하며 인간사회를 넘어서서 예수 그리스도에 의해 평가받아야 한다.

미국 훌러 신학교의 지도자학 교수인 R. Klinton 박사가 기독교적 의미로 정의한 리더십이론에 의하면 지도자란 첫째, 하나님의 능력을 받아 둘째, 영향을 끼치라는 하나님의 사명을 가지고 셋째, 일단의 하나님 백성의 그룹을 넷째, 하나님의 뜻대로 나아가게 하는 사람이라고 정의하였는데 기독교적 지도자는 무엇보다도 하나님 중심적이며 그 중심적 윤리가 하나님의 목적을 이루도록 영향을 미치게 하는데 있다. 하나님의 사람으로서 하나님의 뜻과 주권에 자발적으로 순복하는 자이다. 지도자 자신이나 그가 인도하는 그룹의 유익보다 그 그룹, 혹은 공동체에 향하신 하나님의 목적을 이루도록 지도하는 것이 기독교적 리더의 사명이다.

　기독교적 리더는 "하나님이 주신 능력"으로 일하며, "하나님이 주신 책임"을 이루는 일이다. 기독교적 리더십은 일단의 그룹에 대해 지속적인 영향을 미치는 행위이다. 그 그룹은 대개 "하나님의 백성"인데 지도자가 책임져야 하며 무엇보다도 그 그룹을 향한 하나님의 목적을 분별해야 할 책임이 있다. 기독교적 리더십의 궁극적 목적은 하나님의 뜻을 이루는 데 있다.

　기독교적 리더는 세상을 이끌어가야 할 존재이다. 그러므로 세상에 대해서 리더십을 발휘해야 하는 이유는 이웃사랑의 방법으로서 리더십이 요구된다고 보는 것이다. 리더십은 집단적 기능의 하나로 집단 구성원으로 하여금 집단의 목표를 달성하도록 하는 것이란 정의를 적용해 보면 기독교인은 어떤 것이 바른 것이고 세상이 나아갈 바가 무엇인지 목표를 먼저 분명히 알고 있는 사람들이라고 볼 때 세상으로 하여금 그 목표를 향해서 나가도록 리더십을 발휘해야 된다고 본다. 진정한 리더는 옳은 길을 제시해 주어서 같이 가게 만들 수 있는 자가 아닌가 생각한다면 성경의 예레미야와 요나를 본다면 좁게 교회 안에서만 리더십을 생각하면 안 된다.

　리더십 이론에 있어서 베버(Weber)는 리더십을 리더가 권한을 어떻게 획득하고 실행하느냐에 있다고 보고 세 가지로 분류했다.

　첫째, 전통적 권한(traditional authority)의 리더인데 전통적인 윤리나 사회관습, 신분을 기초로 하는 권위를 행사하는 리더를 말한다. 원시사회나 근대화가 철저하지 못한 사회에서 나타나는 리더의 유형의 가부장적 색채가 짙다.

　둘째는, 카리스마적 권한(charismatic authority)의 리더인데 예언자나 영웅 등 어떤 개인의 탁월한 통솔력이나 인기에 토대를 둔 권위로서 전쟁 영웅이나 종교적 예언자가 그 예이다. 이들은 보통 초인간으로 떠받들어진다.

셋째, 합리적 또는 합법적 권한(rational or legal authority)의 리더로서 집단의 성원들이 정당하다고 인정하는 규칙 또는 법률에 토대를 둔 권위로서 선거를 통해 선출된 현대국가의 대통령, 국회의원 및 법률에 따라 임명된 가급 관료들이 이에 해당한다.

설젠트(Sergent)는 리더의 유형은 리더와 추종자와의 관계성을 기준으로 특징지어지는 것이라고 하여 역사적인 인물은 중심으로 리더십을 카리스마적 리더(charismatic leader), 상징적 리더(symbolic leader), 예우자(head man), 전문가(expert), 행정적 또는 집행적 리더(administrator), 선동가 혹은 개혁가(agitator or reformer), 강압적 리더(coercive leader)로 분류하였다.

리더십은 리더가 주어진 환경 속에서 조직구성원들을 통하여 조직의 목표나 목적을 달성하려는 목표 지향적 행동이기 때문에, 리더십의 결과는 리더와 조직구성원 상호간의 영향과정에 달렸다. 이 영향과정에 따라서 조직구성원의 행동은 물론 의도한 성과의 달성 여하가 결정되고, 나아가서는 이로 인한 만족감도 결정된다. 그러므로 영향과정의 형태와 이에 작용하는 요소들은 리더십의 결과와 밀접한 관계를 갖고 있다. 그러나 여러 가지 유형의 리더십 중에서 가장 중요한 리더십은 무엇보다도 섬김과 나눔의 복지적 리더십이 중요하다고 생각한다. 이 복지적 리더십이 바로 봉사 리더십이라고 본다.

봉사리더십은 전통적 리더십스타일의 대안으로 직원들의 개인적 성장을 신장시키는 동시에 조직의 질적인 개선을 시도한 새로운 리더십 이론이다.

봉사리더십에서는 팀워크, 지역공동체, 의사결정에의 참여, 윤리적 행태 등을 강조한다. L. Spears는 이러한 봉사리더십을 인간개발의 새로운 시대에 알맞은 진정한 희망과 방향을 제시하는 것으로 주장하고 있다. 이 리더십은 1970년 R. K. Greenleaf가 『리더로서의 봉사자』(*Servant-Leadership*)라는 책에서 만들어 낸 개념이다.

Greenleaf는 봉사리더는 무엇보다도 먼저 다른 사람에게 봉사하는 사람을 규정짓고 있다. 리더로서의 봉사자 또는 하인은 먼저 봉사하고자 하는 자연스러운 감정을 가지게 되면 리더가 하고자 하는 운명을 의식적으로 선택하게 된다는 것이다.

봉사리더의 특성은 경청, 감정이입, 영적인 치유, 자각, 설득, 개념화, 통찰력, 봉사정신, 성장의 몰입, 공동체 확립 등 10가지로 주장한다. 이것은 특징 자체가 손쉽게 얻어지는 특징이나 자질이 아니라 리더가 되고자 하는 사람들의 절대적인 노력이 필요하기 때문이다.

그런 의미에서 『사회복지적 리더십』의 출판은 매우 의미 있는 책이라고 볼 수 있다. 아무쪼록 본서가 나눔과 섬김의 사역에 큰 모퉁이 돌이 되길 바란다.

2007년 9월
성산효대학원대학교
총장 최 성 규

2007년 『사회복지적 리더십』 출판의 소중한 결실을 맺게 됨을 진심으로 축하합니다.

본서는 오랜 현장의 생생한 경험과 실천기술을 바탕으로 사회복지 현주소와 우리가 추구해야할 리더십과 가치를 지향하고 있습니다.

우리가 지향하는 가장 행복한 삶은 어떤 모습일까요?

몇 해 전 미국 하버드 의대에서 매우 흥미로운 실험 결과가 발표되었습니다. 의대생들을 봉사 활동에 참여시킨 후 체내 면역기능을 측정했더니 크게 증강되었다고 합니다.

또 '마더 테레사'의 전기를 읽게 한 다음 인체 변화를 조사했더니 그것만으로도 생명 능력이 크게 향상되는 것으로 나타났다고 합니다. 연구진은 이렇게 봉사 활동을 하거나 봉사 모습을 보기만 해도 면역 기능이 높아지는 것을 두고 '테레사 효과'라고 이름 붙였다고 합니다. 평생 헐벗고 굶주린 이웃을 돌보다 87세의 나이로 타계한 테레사 수녀가 남기고 간 소중한 가르침이 아닐까 생각해봅니다. 봉사는 남을 위한 일이지만 봉사를 통해 얻는 기쁨은 결국 나를 위한 것입니다.

우리 모두는 편안한 삶을 영위하기를 소망합니다. 이것이 우리의 이상이요, 목적입니다.

현대사회는 빈곤, 실업, 교통, 환경, 보건위생, 이혼, 가족해체, 저출산, 고령화 등 다양한 문제와 욕구, 위험들이 우리를 위협하고 있습니다.

이러한 제반문제를 국가의 정책과 행정에만 의존할 수 없습니다. 아무리 촘촘한 사회안전망이 구축된다하여도 사각지대는 있기 마련입니다. 우리 국민, 시민의 참여를 통해서 우리 주위에 많은 아픔을 치유해야 합니다. 이렇게 할 때만이 우리가 추구하는 살맛나는 사회, 더불어 함께하는 희망의 공동체를 만들어 나갈 수 있는 것입니다. 실천 없이는 이룰 수 있는 것이 아무것도 없습니다.

사회복지 현장에서는 시민에게 참여하는 방법을 적극적으로 홍보하고 방향을 제시해야 합니다. 우리 주위에는 이웃사랑 실천의 뜻은 가지고 있으나 참여하는 방법을 모르는 이웃이 많습니다. 소중한 자원이 사장되지 않고 사회의 빛이 될 수 있도록 하는 것, 사회복지인의 막중한 책무입니다. 또한 사회복지적 리더십은 매우 의미 있는 것이라고 생각 합니다.

이러한 측면에서 본서의 출간은 큰 의미가 있다고 생각합니다.

현장의 오랜 경험을 바탕으로 습득된 지식과 기술을 토대로 우리가 추구해야 할 공공의 선에 대한 비전과 대안을 제시하고 있습니다.

본서를 통해 우리에게 진정 가치 있는 삶은 실천하는 삶이요, 행동하는 삶이라는 본보기가 되어 준 김성철 관장께 감사와 축하를 드립니다.

인천광역시사회복지협의회

회장 유 필 우

여는 글

사람에게는 두 부류의 사람이 있다고 보는데 만나면 편하고 행복하고, 기쁜 사람이 있는데 그런 사람은 산소 같은 사람이라고 본다. 반면에 만나면 부담되고 힘들고 짜증나고 불평을 듣게 되는 사람이 있는데 이는 이산화탄소 같은 사람이다. 산소를 만들어 내는 것은 순수하고 소중하고 영원한 사랑이신 하나님의 사랑이다.

흔히들 말하듯 사랑은 아름답고 달콤하고 또는 어느 노래 가사처럼 눈물의 씨앗이라고 하기도 하며, 사전적 의미로는 좋아하는 어떤 대상에 대해 소중히 아끼고 정성을 다하며 관심을 갖고 베푸는 일이라고 한다.

사랑에 대해 많은 학자들이 정의한 것들을 살펴보면, 철학자 플라토(Plato)는 누구를 사랑한다 함은 그 사람 속에 있는 미(美)와 선(善)의 진수를 알아보는 것, 카펠라누스(Andreas Capellanus)는 사랑이란 이성(異性)의 미(美)를 보거나 너무 생각한 나머지 생겨나는 일종의 타고난 고통, 에리히 프롬(Erich Fromm)은 사랑이란 상대방의 생활과 성장에 대한 적극적인 관심입니다. 사랑은 상대방으로부터 표현되거나 표현되지 않은 욕구에 대한 자발적 반응이다.

프롬은 "인간이란 근본적으로 고독한 존재이며, 그 고독감과 공허감을 극복하기 위하여 사람은 사랑을 하는 것"이라고 주장하고 있다.

사랑의 크기는 이 세 요소의 상대적 크고 작음에 따라 우정 같은 사랑, 정열적인 사랑, 숭늉처럼 미지근하지만 그런대로 일생을 함께 늙어가며 이루어가는 사랑 등이 생겨난다는 것이다. 그러나 사랑은 사람마다 처한 환경이나 대상에 따라 그 의미와 방법이 모두 다르기 때문에 자기가 사랑이라고 생각하는 것이 곧 사랑인 것이 아닐까 한다.

인생에서 산소 같은 사랑을 보면, 첫째 누구를 사랑하는 것이며, 둘째 당신을 사랑해 주는 누군가가 있다는 것이고, 셋째 이 두 가지가 동시에 이루어지는 것이다.

우리 그리스도인들이 이와 같이 하나님과 이와 같은 사랑을 한다면 그는 진정 산소와 같은 그리스도인이 될 것이라고 본다.

우리는 자기가 과거에 사랑받았던 방식대로 다른 사람을 사랑하기 마련이다. 그런데 각자가 사랑 받은 방식이 때로는 다소 다르기 때문에, 상대방이 사랑이라고 느끼는 행동이 무엇인지를 미처 알지 못하는 때가 많다.

그렇기 때문에 상대방과 같은 행동양식을 가지고 있지 않더라도 상대방이 선호하는 사랑의 양식을 이해하고, 나는 사랑을 전혀 다르게 표현하더라도 상대방이 나타내는 사랑의 행위를 인정하고 수용하는 것, 우리의 삶 속에서 얼마나 사랑을 위해 기도하고 준비하고 실천하는지 자문해 보아야 할 것이다. 사랑은 우리 삶이 중요한 원동력이다. 그래서 그 귀한 사랑이 오염되지 않도록 우리는 끊임없이 노력해야 할 것이다. 그러기 위해서 사랑인 애정(affection)을 그리스도의 사랑을 중심으로 비추어 볼 때 다음의 일곱 가지로 사랑의 실천을 이루어야 할 것이다.

첫째는 사랑은 "care"(돌봄)이다. 누군가를 돌본다거나 누군가로부터 보호를 받는 것은 인간관계에 있어 없어서는 안 될 아주 자연스럽고 인간다운 일이다. 주님이 우리에게 맡겨주신 이웃과 소외된 계층을 주님이 사랑한 것과 끊임없이 돌봄의 실천을 해야 한다.

둘째는 사랑은 "giving"(나눔과 섬김)이다. 과거에 주었다거나 미래에 줄 것이 아닌 현재 계속하여 주고 있어야 진정한 사랑이다.

셋째는 사랑은 "knowledge"(지식)이다. 돌보고 끊임없이 주는 일이 중요하나 이보다 어쩌면 그 대상(client)을 아는 일이 우선 되어야 한다.

넷째, 사랑은 "making"(만드는 것)이다. 끊임없이 함께 만들어 가는 것이 사랑이다. 자신과의 싸움을 통해 더 높고, 더 넓고, 더 깊은 차원의 사랑을 계속해서 만들어 가는 자가 사랑을 유지할 수 있고, 만드는 것은 계속 이루어져야 할 것이다. 사랑은 창조적 소수로서 새벽을 만드는 사람으로서 우리의 존재의 가치를 소중하게 보며 내안에 있는 소중한 정체성을 가지고 나아가야 할 것이다.

다섯째, 사랑은 "respect"(존경)이다. 겉과 속이 같은 것이 진정한 사랑이라 한다면, 필요도에 따라 변하지 않는 존경심을 품는 자세가 있어야 한다.

여섯째, 사랑은 "responsibility"(책임감)이다. 진정한 사랑은 진정으로 책임질 수 있어야 한다. 더구나 오늘 지금 책임을 져야 한다. 우리에게는 과거가 없고 내일이 없으며 오늘만큼만 살아갈 뿐이다.

일곱 번째, 사랑은 "understanding"이다. 한 번 이해하고 마는 것이 아니라 이해는 계속적인 연결선상에 있어야한다. 더구나 내 입장에서가 아니라 클라이언트의 위치에서 이해되어야 한다.

가장 강한 힘은 섬기는 모습 속에 나오며 섬김을 통해 영원한 이김이 있다. 루터는 서로 사랑하고 섬기는 사람만이 자기의 주체성을 확립한 사람이라고 한다. 이러한 나눔과 섬김으로서 복지의 영역을 새로운 비전과 사랑으로 나아가야 할 것이다.

　본서는 복지를 '나눔과 섬김의 복지'로 보면서 본서를 위하여 수고하여 주신 여러분들에게 감사의 마음을 전합니다.

2007년 9월
인천성산동산에서
김 성 철

목 차

Part 1 서 론

1. 연구의 필요성

사회복지조직은 다양한 사회복지서비스를 계획하고 전달하는 장으로서 기관장의 리더십에 따라서 서비스의 효과성과 효율성이 달라질 수 있다. 특히 노인복지관은 지역사회 내에서 지역노인의 복지수요에 따라 노인복지전문 프로그램을 제공하는 노인복지조직으로서 노인복지서비스의 중심적 기관이다. 노인복지관의 보다 전문적인 서비스와 효과성을 증진시키기 위해서는 어떤 리더십 요소를 갖추고 개발해야 하는지를 파악하는 일은 매우 중요하다.

사회복지기관의 업무 효율성을 높이기 위해서는 일반 기업과 마찬가지로 직장 내에서의 관계 형성과 조직몰입이 이루어져야 한다(채순화, 2004, 김수경, 2005). 이러한 조직문화를 구축하기 위해서는 통합적 리더십인 서번트 리더십의 문화가 조직몰입에 더 긍정적인 영향을 준다(이홍기, 2004). 일반 기업과 학계에서 서번트 리더십이 점차 강조되고 있는 것에 반하여 사회복지기관은 아직까지도 전통적 리더십인 수직적인 커뮤니케이션 구조를 갖고 있는 경향이 있다(박풍규, 2004). 실무자에 대한 존중과 성장에 대한 관심을 갖고 있는 리더들도 전통적인 명령과 복종의 권위적인 리더십의 관행이 지속되고 있다. 따라서 이런 조직문화의 현실을 비추어 볼 때 인간의 가치에 중심을 둔 서번트 리더십에 대한 중요성 각성과 실용적 근거를 제공하는 차원에서의 실증적 연구가 필요하다.

학문적 차원에서 볼 때 그동안의 국내연구의 주류는 거래적 리더십과 변혁적 리더십을 독립변수로 하여 직무만족 및 조직 내 유효성과 임파우어먼트를 종속변수로 설정한 연구가 주류를 형성하고 있다(구본동, 1999). 그리고 조직몰입은 조직행동론 분야에서 중요한 변수로 연구되어 왔다. 그 이유 가운데 하나는 조직몰입이 조직구성원의 행위에 가장 중요한 영향을 미치는 이직의도와 높은 상관관계를 갖고 있기 때문이다.

기관장과 조직구성원의 관계에서 기관장의 리더십 수준은 조직구성원과의 관계 형성에 영향이 있다(최남례, 2005). 조직에서 목표를 달성하는 과정에도 리더십은 중요한 과정이며(여인길, 2004), 리더십은 조직구성원을 움직이며 지휘하는 하나의 관리활동이다(차현수, 2004). 그리고 조직구성원의 창의력 발휘와 자발적 참여를 촉진하여 조직의 성공을 이끌 수 있는 가장 중요한 요소 중의 하나가 리더십이다(윤대균, 2004). 서번트 리더십은 권위적이고 지시적인 전통적 리더십과는 차별적으로 조직구성원들에게 진실성과 존중성 그리고 공정성이라는 관계 형성을 만들어 낸다(이상옥·손태원, 2004). 그리고 존중적이고 자율적인 서번트 리더십은 조직구성원들로 하여금 조직의 목표달성에 최대의 능력을 발휘하도록 하여 조직몰입을 극대화시킨다(이수도 2000, 이관응 2001). 따라서 사회복지서비스의 효과성과 효율성을 위해 노인복지관의 서번트 리더십과 조직몰입의 상호관계성의 연구가 필요하다.

관장과 사회복지기관에 종사하는 사회복지사와의 관계에서 리더십 문제가 업무의 부정적인 요인을 초래하고 있고 이로 인해 윤리적인 문제(송광영, 2004)까지도 발생하고 있다. 또한, 리더십 실천수준이 사회복지사의 조직몰입에 큰 영향을 미치며, 그 리더십을 바탕으로 조직 및 기관의 복지서비스 효과성은 다르게 나타난다(황

성훈, 2005). 어떤 조직이나 기관이든 그것을 움직여 나가는 것은 기관에 소속되어 있는 사람들이며, 이들 간에 믿음과 화합의 분위기가 조성되지 않으면 조직이나 기관의 목적을 달성하는 데 어려울 것이다. 특히 사회복지기관과 노인복지관은 서번트 리더십을 통하여 조직구성원들이 진실과 존중의 분위기가 형성되어야 한다. 이러한 전제하에 전통적인 리더십에서는 노인복지관장과 사회복지사의 관계와 조직몰입에 대해서 긍정적인 평가를 내리기 어렵다.

노인복지서비스의 효과성은 관장과 직원과의 관계, 조직의 분위기, 개인적 성취 결과 그리고 조직 내에서의 개개인의 효과로서 즉, 서번트 리더십과 조직몰입이 변수가 될 수 있다. 급변하는 사회복지조직에서는 노인복지관장과 소속된 기관 사회복지사 모두가 유연하게 대처할 수 있어야 하며, 이를 위해서는 서번트 리더십으로서 사회복지사의 자발적인 헌신과 참여를 이끌어내고, 주인의식과 책임감을 고취시키는 조직력이 매우 필요하다.

2. 연구목적

서번트 리더십의 중요성과 필요성이 제기되고 있지만 국내에서는 이에 대한 연구가 초기단계에 있다. 관장의 전통적 리더십과 사회복지사의 직무만족과 임파워먼트에 대한 연구(구본동 1999, 권석균 2000, 박풍규 2004, 여인길 2004)는 있었지만 노인복지관장의 서번트 리더십과 조직몰입에 대한 선행연구가 미흡하기 때문에 본 연구를 계획하였다.

본 연구의 목적은 노인복지서비스의 효과성을 제고시키는 방안에 대한 연구가 필요함을 인식하고 특히 조직효과성에 미치는 요인인

서번트 리더십이 사회복지사들의 조직몰입에 미치는 영향을 실증적
으로 분석하는 데 목적이 있다. 그리고 노인복지관장의 서번트 리
더십 수준과 특성이 조직몰입과의 상관관계를 규명하는 데 연구의
목적을 두었다.

Part 2 문언고찰

1. 리더십 개념 및 유형

리더십이란 정의는 그동안 많은 연구가 진행되었음에도 불구하고 아직 합의된 연구가 이루어지지 않고 있다. 일반적으로 리더십은 지휘력, 지도력, 영향력 등으로 불리고 있으며, 한 개인이 다른 구성원에게 이미 설정된 목표를 향해 정진하도록 영향력을 행사하는 과정으로 정의하고 있다. 그래서 리더십은 조직의 목표 관리, 구성원의 동기부여 및 목표 설정 참여, 조직구성원들의 지속적 행동유지 차원으로 이해해야 하며 모든 경영활동은 리더의 효율적 리더십에 따른 구성원의 성공적 통합여부에 달려 있다고 하겠다. 리더십은 일정한 상황에서 구성원들이 목표를 달성할 수 있도록 영향력을 행사하는 과정이며, 그 영향력은 사람을 변화시키고 새롭게 하며, 힘을 주고, 분발 고취시키는 행위를 말한다. 리더십에 대한 연구는 그 접근 방법에 따라 특성이론 접근 방법, 행동적 접근 방법, 상황적 접근 방법으로 살펴볼 수 있다.

첫째, 리더 개인의 특성을 강조하고 있다. 특성이론은 리더십에 대한 초기이론으로 리더의 개인적인 특성과 자질에 초점을 맞추고 이러한 특성과 자질들이 리더의 유효성에 어떠한 영향을 미치는지를 연구한 이론이다. 특성이론에서는 효율적인 리더가 비효율적인 리더와 명확하게 구별되는 몇 가지 특성과 자질을 갖추고 있다고 가정하고 있다. 즉 리더는 태어나는 것이지 만들어지는 것이 아니라는 것이다. 1930~1940년대에 활발한 연구가 이루어졌으나 대부분의 연구들이 리더의 성공을 보장하는 특성을 찾는 데는 실패하였다. 그럼에도 불구하고 보다 나은 방법론과 정밀한 연구 설계로 리더의 특성이 리더의 행위나 유효성에 얼마나 관계되는지를 관찰하려고 노력하였다. 과거의 연구가 주로 리더의 개인적 특성이나 지적 능력에 초점을 두고 행해졌다면 최근의 연구는 동기부여나 업무지식 등에 초점을 맞추어 진행되고 있는 추세이다.

둘째, 행동적 접근 방법에서는 리더가 직무 수행 시에 어떻게 행동하는가에 초점을 맞추었는데, 대부분의 연구들이 기술적인 방법에 의해 진행되었다. 즉 행동이론은 리더의 행동과 조직의 유효성 간에 어떠한 관련성이 있는가를 파악하는 데 초점을 둔 것이다. 리더십 행동이론의 연구에서는 주로 리더행동에 따른 집단의 성과와 구성원의 만족감에 대한 이론이 많이 제시되었다.

셋째, 상황적 접근 방법에서는 리더의 유효성이 그 유형뿐만 아니라 리더십 환경을 이루는 상황에 의해서도 결정된다는 점을 강조하고 있다. 상황이론은 효과적인 리더십 유형이 상황에 따라 결정되어야 한다는 이론이다. 상황에는 리더나 부하의 특성, 과업성격, 집단구조, 조직요소 등이 포함된다. 그리고 1980년대에서 1990년대에는 변화와 혁신 중심의 이론들이 발표되면서 동태적 환경하에서의 유용한 리더십을 연구하기 시작했는데 이것이 변혁적 리더십이다.

리더십 분류 체계에서 Bass(1990)는 Burns(1978)의 연구를 바탕으로 변혁적 리더십의 하위차원을 카리스마, 지적 자극, 고무, 개인적 고려로 보았다. 그리고 기존의 특성이론, 행위이론, 상황이론을 총체적으로 고려하여 연구대상을 중간관리자까지 확대 논의하는 전략적 리더십과 조직구성원 중심의 리더십 패러다임 전환을 강조하는 임파워먼트 리더십, 비전적 리더십, 이슈 리더십, 서번트 리더십 등으로 세분화하였다(정기산, 2002). 또한 카리스마적 리더십, 문화적 리더십 등과 같은 새로운 리더십 이론들이 등장하였다.

Burns(1978)는 리더와 부하 간의 관계를 교환관계로 가정하고 주로 현상 유지에 중점을 두고 있는 전통적인 리더십 이론의 문제점을 지적하면서 이러한 거래적 리더십 이론과 상호 대비되는 이론을 제시하였다. 즉 부하들의 욕구를 상승시키고 개인, 집단, 조직의 성과를 향상시키는 변혁적 리더십 이론을 제시하였다. 그리고 Bass(1990)는 리더십 이론들을 개인과 상황적 이론, 상호영향 및 사회학습이론, 상호작용과정 이론, 지각이론, 혼합이론 등으로 세분화하였다. 또한 거래적 리더십과 변혁적 리더십을 측정하기 위해 다요인 리더십 설문지인 MLQ(Multi factor Leadership Questionaire)를 개발했는데, MLQ는 변혁적 리더십뿐만 아니라 전통적 리더십 이론에서 중점적으로 다루어졌던 행동 차원까지 측정하기 위해 거래적 리더십과 자유방임도 포괄하고 있다. 초기 MLQ에서는 분발고취가 카리스마에 포함되어 있었으나 그 후 여러 번의 수정과정을 거쳐 거래적 리더십은 조건 보상과 예외에 의한 관리로 구분하였다. 그리고 변혁적 리더십은 카리스마, 분발고취, 개별적 배려, 지적 자극으로 구분하였다. 서번트 리더십은 Greenleaf(1970)와 Spears(1995)가 주창한 리더십으로 타인을 위한 봉사에 초점을 두고 섬김의 철학을 실천하는 리더십이며, Levering(2000)은 진실성, 존중성, 공정성으로 각각 그 구성요인을 구분하고 있다.

1) 전통적 리더십의 개념과 구성요소

거래적 리더십(transactional leadership)은 리더가 상황에 따른 보상을 지급하면서 부하들에게 영향력을 행사하는 과정이라고 정의할 수 있다. 즉 리더와 부하의 관계는 일상적인 과업수행과정에서 복종과 보상을 주고받는 거래 관계를 말한다. Bass(1990)는 거래적 리더십에 대해 일련의 교환 또는 협상에 토대를 둔 리더와 부하의 관계에서 기대되는 노력 또는 협상된 노력을 발휘하도록 동기부여가 되는 리더십이라고 정의하고 있다.

Burns(1978)에 의하면 거래적 리더십은 개인이 가치 있는 어떤 것을 교환할 목적으로 다른 사람과의 계약에 있어 주도권을 취할 때 발생한다. 즉 리더는 교환이라는 시각을 가지고 부하에게 접근한다는 것이다. 거래적 리더들은 부하들에게 명백한 책임을 부여하고 또한 자신이 기대하는 바를 정확히 제시함으로써 부하들이 조직에서 요구하는 바를 충족시키기 위해 최선을 다하도록 하는 묵시적인 계약관계를 형성한다.

거래적 리더는 부하들이 보상을 받기 위해서 무엇을 해야 하는지, 또한 처벌을 피하기 위해서 무엇을 해야 하는지를 부하와 함께 합의한다. 그리고 리더는 부하가 성취한 결과에 대하여 인정을 한다(Bass, 1990). 조건적 보상은 리더 자신이 규정한 수준에 맞게 부하가 성과를 달성하였을 때 동기부여의 강화를 위해 인센티브와 보상을 제공하는 것을 말한다. 그리고 아이디어 창출보다는 관리의 효율적인 과정에 초점을 두고 이루어진다. 거래적 리더들은 작업수행에 있어서 무엇이 진실한 것인가를 모색하기보다는 작업을 어떻게 수행해야 하는가에 더 많은 관심을 집중시킨다. 따라서 거래적 리더들은 관리의 효율적인 과정을 유지하거나 개선시키기 위해 그들이 소유한 권력을 융통성 있게 발휘함으로써 보상과 처벌을 적절하게 사용한다. 예외에 의한 관리는 리더가 예외적 사건이 발생했을 때에만 간섭하고 그렇지 않은 경우에 부하들이 부여받은 임무를 수행하도록 하고 적절한 시기에 적절한 비용으로 목표가 달성될 때까지 간섭하지 않는 것을 말한다. 예외에 의한 관리에는 리더가 부하를 사전에 감독하여 효율적으로 임무를 수행하도록 시정조치를 취하는 적극적 예외에 의한 관리와 수용 가능한 성과기준에서 명백히 이탈했을 경우에 한하여 개입하여 처벌과 같은 교정 조치를 취하는 소극적 예외에 의한 관리가 있다.

예외에 의한 관리는 리더가 부하의 잘못된 행동에 대해서만 개입을 하기 때문에 상황적 기피 강화를 의미한다. 부하들의 성과가 기준 이하로 떨어질 경우에는 리더는 부하들이 성과기준에 도달할 수 있도록 피드백을 제공한다. 이러한 피드백에는 부하들에게 조건적 보상과 함께 경고 등과 같은 부정적 피드백도 포함된다. 예외에 의한 관리에서 리더는 부하의 성과가 낮은 원인이 부하의 노력 부족이라고 진단되면 부하를 훈련시키거나 대체시켜야 한다. 따라서 예외에 의한 관리는 변혁적 리더의 행동이나 조건적 보상보다는 부하의 성과와 추가적인 노력에 적게 기여하게 된다(Mitchell & Wood, 1980). 거래적 리더십의 근본 성격은 조건 강화적이고 조작적인 측면이 있다. 조건 강화적인 측면은 리더가 부하들에게 언제나 부하 자신의 사적 이해관계만을 위해 행동하도록 유도하고, 조작적인 측면은 당근과 채찍의 원리에 의하여 부하가 계속적으로 조작되고 프로그램화되도록 유도한다. 그리고 과업에 대한 순응과 보상을 교환하기 때문에 순응형 부하를 양산하기 쉽고, 양적 목표달성에 집착하여 질적 목표달성이 희생될 우려가 있으며, 복잡한 보상체계는 모호성을 가중시켜 의미 없는 게임 플레이를 유발하게 할 수 있다.

변혁적 리더십(transformational leadership)은 장기적 효과와 가치의 창조에 중점을 두어 부하에게 단순히 복종할 것을 요구하는 것이 아니라, 부하의 신념, 욕구, 가치를 바꾸고 틀 자체를 변화시켜 새로운 기회를 창출하도록 하는 매우 진취적인 리더십이다. Burns(1978)는 변혁적 리더십을 리더와 부하가 서로 보다 높은 수준의 도덕성과 동기부여의 상태로 상호 고양시켜 주는 과정으로 정의했다. 리더가 부하들에게 공포, 욕심, 질투, 미움과 같은 감정에 호소하는 것이 아니라 자유, 정의, 평등, 평화, 인간주의 등과 같은 고차원의 이념과 도덕적 가치에 호소하여 부하들의 의식을 고양시키는 것으로 부하들의 고차원 욕구를 활성화시키는 것을 의미한다.

Bass(1990)는 변혁적 리더십이 다음과 같은 세 가지 방식으로 부하를 동기 부여시킨다고 한다. 첫째, 리더는 부하들이 과업에서 성과를 산출하는 것에 대해 더 많은 중요성을 느끼도록 한다. 둘째, 부하 자신의 개인적인 이득보다는 조직이나 팀의 이득을 우선시하도록 한다. 셋째, 부하가 가지는 욕구보다 더 높은 수준의 욕구를 자극하고 이를 충족하도록 만든다. 물론 이를 위하여 리더는 부하에게 솔선수범을 보이고 자신의 개인적 이득을 포기하고 자신을 희생하고 있다는 것을 보임으로써 부하들이 리더에 대해 신뢰, 존경심, 충성심 등을 느끼도록 해야 한다.

Burns(1978)와 Bass(1990)의 차이점은 Burns(1978)가 변혁적 리더를 계몽적인 리더에 한정하고 부하들의 긍정적 가치와 고차원적인 욕구에 호소하는 반면, Bass(1990)는 리더십의 효과가 부하들에게 편익이 되느냐와 상관없이 그들의 동기를 활성화시키고 몰입감을 증가시키면 변혁적 리더가 된다고 보았다. 그리고 Bass(1990)는 거래적 리더십이 부하의 성과를 리더나 부하가 기대하는 수준으로 이상으로 제고시킬 수 없다는 문제점을 지니고 있다는 점에서 Burns(1978)의 주장과 일치하지만, 거래적 리더십과 변혁적 리더십을 상호 배타적인 이원론적 개념으로 보았던 Burns(1978)와는 달리 Bass(1990)는 모든 리더는 변혁적 리더십과 거래적 리더십을 동시에 발휘하지만 그 양에 있어서는 차이가 있다는 이원론적 개념을 주장한 점에서 차이가 있다고 할 수 있다. 또한 Bass(1990)는 변혁적 리더행동과 거래적 리더행동은 상호 배타적이 아니라 상호 보완적인 것이며 동일한 리더가 상황에 따라 두 가지 유형의 리더십 행동을 적절하게 사용할 수 있다고 보았다.

카리스마는 변혁적 리더십의 가장 중요한 구성요인으로서 할당된 직무에 대해 부하들이 열중하도록 만들고 조직에 대하여 충성심을 불어넣어 준다. 카리스마 리더는 매력 있는 비전과 사명을 선포함으로써 부하들이 리더를 존경하고 신뢰성을 가지며 자신감을 갖고 리더와 자신들을 동일시하도록 한다. 이러한 리더는 비전에 의하여 부하를 각성시키고 분발 고취시킨다. 그러나 개인 지향적인 카리스마는 변혁적 리더로 인식되지 못하고, 사회지향적인 카리스마만이 부하의 자율성을 고취시키며 높은 성과를 달성하도록 하고 부하의 발전을 고무하며 비전과 사명을 내면화하도록 한다. 이러한 리더들은 부하의 잠재력을 가장 높은 수준으로 개발하여 자신을 대체하는 리더로 성장시키는 위험부담을 가지게 된다.

분발고취는 부하에게 비전을 제시하고 신바람을 불러일으키며 격려를 통하여 기운을 북돋우고 업무에 열심히 매진하게 만드는 행동을 말한다. 부하들의 자아이상(ego-ideal)으로 여겨지는 카리스마 리더와는 달리 분발고취 리더는 바람직한 목표를 제시하고 이를 성취할 수 있는 수단들을 제공함으로써 부하들이 보다 더 능력이 있다는 것을 느끼도록 해준다. 분발고취와 카리스마는 유사점이 많기 때문에 분발고취를 카리스마의 구성요인으로 간주하여 구분하지 않는 경우도 있지만, 최근의 연구에서는 분발고취와 카리스마를 별개의 차원으로 다루는 경우가 많다.

개별적 배려는 리더가 부하들에게 개별적인 관심을 보여주고 지도하며 조언해 주는 것을 말한다. 개별적 배려 리더는 부하 개개인이 가지는 욕구의 차이를 인정하고, 그들이 가지는 욕구 수준을 보다 높은 수준으로 끌어 올리며 부하들로 하여금 높은 성과를 올릴 수 있도록 잠재력을 개발해 준다. 리더는 부하들의 자아상을 확립시켜 주고, 부하들의 정보 확보에 대한 욕구를 고양시키며, 의사결정에 따른 책임의식을 갖도록 만들어 주게 된다. 그리고 지적 자극은 부하들에게 이해력과 합리성을 드높이게 하고 리더가 현 상황의 문제점을 자신이 규정한 미래에 대한 비전의 관점에 대비시켜 부하들로 하여금 문제에 대한 인식을 다르게 하여 문제해결 방법에 대한 인식을 새로운 방향으로 각성시키는 것을 말한다. 변혁적 리더십은 리더십에 대한 전통적, 거래적 견해에 대한 대안을 제시하고 있다. 변혁적 리더는 조직의 미래에 대한 비전 설정, 비전과 조직 구성원의 연결, 기대 이상이 동기를 촉진하고 고무한다. 그러므로 변혁적 리더는 부하의 일상과업수행에 연연해하지 않고 보다 장기적인 철학을 가지고 부하 개개인을 격려하고 발전시킬 수 있다. 변혁적 리더십은 위기상황이나 사회적 변화가 일어나고 있는 시기에 효과를 발휘할 가능성이 높다. 또한 기계적 구조보다는 유기적 구조를 지닌 조직에서 효과를 거둘 가능성이 높다. 이에 따라 명확한 규범이나 체제 또는 제도가 존재하는 구조화된 환경은 변혁적 리더십이 효과를 발휘하기 어려운 제약 조건으로 작용할 수 있다. 변혁적 리더십은 팀 단위로 업무를 수행하고 통합적인 노력이 필요한 상황에서 효과를 발휘할 가능성이 높다. 그 이유는 팀 단위로 업무가 수행되는 상황에서는 자기희생과 추가적인 노력 그리고 팀 구성원 간의 협동이 크게 요구되기 때문이다.

리더십에 대한 새로운 패러다임은 과거의 리더십 이론에서 다루었던 리더가 부하에게 미치는 영향과는 질적이나 양적인 측면에서 크게 다른 것으로 나타났다. 즉 부하의 변화를 중점적으로 다루는 동시에 전통적 이론에서 간과되어 왔던 리더와 부하 사이의 실질적인 영향력 관계를 파악함으로써 보다 나은 리더십의 본질에 접근하는 기틀을 마련하였다. 전통적 리더십 모델들에 대한 대안 중의 하나로 제시되는 서번트 리더십은 Greenleaf(1970)에 의해 처음 제시된 개념으로 타인을 위한 봉사에 초점을 두며, 조직구성원, 고객 및 지역공동체를 우선으로 여기고 그들의 욕구를 만족시키기 위해 헌신하는 리더십이다.

2. 서번트 리더십(servant leadership)의 개념과 구성요소

서번트 리더십은 조직구성원을 존중하고(Block, 1998) 조직구성원들에게 창의성을 발휘할 기회를 제공함으로써 성장을 돕고, 부서 혹은 팀이 진정한 공동체를 이루도록 이끌어 가는 리더십이다(Senge 1995, Smith 1995). 이러한 서번트 리더십에 대한 학자들의 정의를 요약하여 정리해 보면 <표 2-1>과 같다.

학자들의 견해로서 Covey(1991)는 서번트 리더십은 자연의 법칙이며, 사회의 가치시스템을 만들어 가는 리더십이라고 정의하였고, Senge(1995)는 모든 사람의 존엄성과 가치에 대한 믿음, 리더의 권력은 조직구성원으로부터 기인한다는 민주적인 원칙에 입각한 리더십이라고 표현하면서, 서번트 리더십에 의해 모든 조직구성원들이 부서나 팀의 일에 자발적으로 참여함으로써 학습이 촉진된다고 주장하였다.

그리고 Spears(1995)는 서번트 리더십은 관리자가 처음에는 조직의 기관원을 도와주기 위한 것이었으나 점차 개인 단체들에게 서비스를

확장시키는 방법이라고 정의하였다. 또한 서번트 리더십은 실천 철학이며, 공식적인 지위를 가지고 있든지 아니든지 간에 협력, 믿음, 예지, 경청, 권력과 역량강화의 도덕적 사용을 장려하는 것이 특징이라고 주장하고 있으며, 서번트 리더십은 인간 개발의 새로운 시대에 적합하고 진정한 희망과 방향을 제시하는 것이라고 정의하였다.

서번트 리더십은 조직구성원을 인간으로서 존엄성과 가치를 존중하는 것이라고 정의하면서 Sims(1997)는 그들의 창조적 역량을 일깨워 주는 것이 서번트 리더십이라고 정의하였다. 그리고 Boyer(1999)는 서번트 리더십을 섬세하며, 경청하는 리더, 조직구성원들과 동료들의 발전을 장려하고 권한을 위임하는 리더라고 정의하였다.

<표 2-1> 서번트 리더십의 정의

학 자	정 의
Greenleaf(1991)	타인을 위한 봉사에 초점을 두며, 조직구성원, 고객 및 커뮤니티를 우선으로 여기고 그들의 욕구를 만족시키기 위해 헌신하는 리더십
Covey(1991)	자연의 법칙이며, 우리의 사회 가치시스템을 만드는 리더십
Senge(1995)	모든 사람의 존엄성과 가치에 대한 믿음, 리더의 권력은 조직구성원으로부터 기인한다는 민주적인 원칙에 입각한 리더십
Spears(1995)	공식적 지위를 가지고 있든지 아니든지 간에 협력, 믿음, 예지, 경청, 권력과 역량강화의 도덕적 사용을 장려하는 리더십
Sims(1997)	조직구성원을 인간으로서의 존엄성과 가치를 존중하고, 그들의 창조적 역량을 일깨워 주는 리더십
Block(1998)	조직구성원을 존중하고, 그들에게 창의성을 발휘할 기회를 제공함으로써 성장을 돕고, 부서 혹은 팀이 진정한 공동체를 이루도록 이끌어 가는 리더십
Boyer(1999)	섬세하며, 경청하는 리더, 조직구성원들과 동료들의 발전을 장려하고 권한을 위임하는 리더

학 자	정 의
Levering(2000)	일하기에 가장 훌륭한 부서와 회사를 만들기 위한 노력으로 조직구성원 상사 및 경영진과의 관계
이관응(2001)	조직에서 가장 가치 있는 자원은 사람, 늘 학습하는 태도, 경청, 설득과 대화로 업무추진, 공동체 형성, 권한위임을 하는 리더십

그리고 그는 조직구성원을 이해하려고 노력하는 사람, 조직구성원을 격려하고 보살피며 편안한 분위기를 만들려고 노력하는 사람, 조직구성원을 존중하는 사람, 도덕성을 갖추고 신뢰할 만한 사람, 권한을 위임하고 학습을 장려하는 사람, 상하관계와 공동체를 형성하는 사람, 조직구성원의 가능성을 신뢰하는 사람 등이 서번트 리더십이라고 규정하였다.

Levering(2000)은 일하기에 가장 훌륭한 부서와 회사를 만들기 위한 노력으로 조직구성원의 상사 및 경영진과의 관계를 서번트 리더십으로 규정하였다. 이관응(2001)은 조직에서 가장 가치 있는 자원은 사람, 늘 학습하는 태도, 경청, 설득과 대화로 업무추진, 공동체 형성, 권한위임을 하는 것이 서번트 리더십이라고 정의하였다.

이상에서 서번트 리더십의 개념에 대한 여러 정의를 살펴보았다. 이외에도 여러 학자들이 각자의 정의를 내리고 있다. 그러나 서번트 리더십의 정의와 측정방법에 대한 합의는 아직도 이루어지지 않고 있는 실정이다. 그럼에도 불구하고 문헌연구와 연구결과를 통해 볼 때 서번트 리더십은 인간존중을 바탕으로 조직구성원들이 업무를 수행하는 데 있어 자신의 잠재력을 최대한 발휘할 수 있도록 도와주는 리더십이며 조직구성원들이 공동의 목표를 이루어 나가는 데 있어 정신적·육체적으로 상호 협력과 원조 환경을 조성해 주고 도와주는 리더십이다.

　　서번트 리더십의 구성요소에 대한 연구자들의 개념적 틀을 비교해
보면 <표 2-2>와 같다. 서번트 리더십의 구성요소를 Spears(1995)는
경청, 공감, 치유, 설득, 인지, 통찰, 비전의 제시, 청지기 의식, 구성
원의 성장, 공동체 형성으로 제시하였다. Sims(1997)는 솔직한 대화,
상대의 입장을 이해, 공유비전의 촉진, 타인의 필요를 위해 노력, 성
장, 공동체 형성과 협력을 서번트 리더십의 구성요소로 보았다.

〈표 2-2〉 서번트 리더십의 구성요소

Spears (1995)	Sims (1997)	Boyer (1999)	Laub (1999)	Levering (2000)
경청(listening) 공감(empathy) 치유(healing) 설득 (persuasion) 인지 (awareness) 통찰(foresight) 비전의 제시 (conceptualization) 청지기 의식 (stewardship) 구성원의 성장 (commitment growth) 공동체 형성 (community building)	솔직한 대화 (communicate honestly) 상대의 입장을 이해 (be vulnerable. not promoting self) 공유비전의 촉진 (promote a shared vision) 타인의 필요를 위해 노력(use power to care other's needs) 성장 (builds up others) 공동체 형성과 협력 (builds community and collaboration)	질문과 이해 (asking & understanding) 이해와 존중 (respectful & appreciation) 격려와 보살핌, 편안함 (encouraging & caring&open) 도덕성 (authentic & direct) 권한위임과 학습 조장 (second-place) 관계와 공동체의 형성(relational) 신뢰(trust)	사람에 대한 존중 (values people) 리더십 공유 (shares leadership) 리더십 발휘 (provides leadership) 도덕성(displays authenticity) 성장 (develops people) 공동체 형성 (community building)	진실성 (credibility) 존중성 (respect) 공정성 (fairness)

　　Boyer(1999)는 서번트 리더십의 구성요소를 질문과 이해, 이해와
존중, 격려와 보살핌 그리고 편안함, 도덕성, 권한위임과 학습조장,
관계와 공동체의 형성, 신뢰라고 규정하였다. 서번트 리더십의 차원
으로 Laub(1999)는 사람에 대한 존중, 리더십 발휘, 성장, 도덕성,

공동체의 형성, 리더십 공유로 규정하였다. 이상의 선행연구자들의 이론을 종합하여 볼 때 서번트 리더십의 구성요소에 대한 함축적인 의미로는 Levering (2000)이 제시한 세 가지 요소에 Spears(1995), Sims(1997), Boyer(1999), Laud(1999)의 서번트 리더십의 구성요소가 포함되어 있다.

그중 첫 번째인 진실성(credibility)에 경청, 공감, 솔직한 대화가 포함되며, 두 번째인 존중성(respect)에 인지, 통찰, 상대의 입장, 공유비전의 촉진, 신뢰, 질문과 이해, 이해와 존중을 포함된다. 그리고 세 번째인 공정성(fairness)에 비전의 지시, 청지기 의식, 구성원의 성장, 공동체 형성, 타인의 필요를 위한 노력, 성장, 공동체 형성과 협력, 격려와 보살핌이 포함된다.

1) 전통적 리더십과 서번트 리더십의 차이

전통적 리더십 모형의 핵심적인 개념은 통제와 의존성을 강조하는데(Bass, 1990), 서번트 리더십 모형에서는 개인, 관계, 조직 등이 보다 능동적이고 지속적으로 재창조하는 방법을 강조했다(Senge, 1995). 또한 서번트 리더십은 일방적으로 지시하고 통제하는 데서 벗어나 조직의 가장 중요한 자산인 조직구성원을 존중하고, 배려하는 것을 우선 가치로 삼는다(Laub, 1999). 즉, 다른 사람의 성장을 돕는 가운데 그들을 이끌어 가는 새로운 리더십 패러다임이 바로 서번트 리더십이다. 전통적 리더십과 서번트 리더십의 연구결과를 비교 연구해 보면 <표 2-3>에 나타난 것과 같다.

〈표 2-3〉 전통적 리더십과 서번트 리더십과의 차이점

	전통적 리더십	서번트 리더십
자원에 대한 인식측면	○ 조직구성원을 자신이 활용할 수 있는 자원 중의 하나라고 생각 ○ 조직구성원들은 자신이 지시한 것의 결과를 만들어 내는 대상 ○ 일의 결과, 추진 과정 및 방법에 관심	○ 조직의 목적을 달성하는 데 가장 중요한 자원이 조직구성원이라고 생각 ○ 조직구성원들의 성장을 도와주고 능력을 육성시키는 것이 리더의 역할이라고 생각
조직의 생산성 측면	○ 인간보다는 과제중심 ○ 가시적이며 양적인 기준을 중심으로 평가	○ 과제보다는 인간중심 ○ 구성원들의 자발적인 행동의 정도를 평가
조직구성원 직원에 대한 믿음과 임파워먼트	○ 자신의 경험과 지식이 조직구성원의 지식보다 우위에 있다고 생각 ○ 조직구성원들의 비판이나 반대의견을 무시하는 경향	○ 조직구성원의 능력을 믿음 ○ 조직구성원들의 판단을 존중하고, 조직구성원들에게 권한을 위임 ○ 조직구성원의 능력이 부족한 경우, 필요한 자원을 지원
투자와 커뮤니케이션 방법	○ 상의하달식의 일방적 커뮤니케이션에 익숙	○ 구성원들의 애로사항을 경청 ○ 목표수립 과정에서 조직구성원과의 커뮤니케이션을 활성화시켜 크고 작은 정보를 모두 공유

※ 자료: Bass(1990)

전통적 리더십과 서번트 리더십의 차이점을 네 가지 측면에서 비교해 보면 다음과 같다.

첫째, 자원에 대한 인식측면에서 전통적 리더십은 조직구성원을 자신이 활용할 수 있는 여러 가지 자원 중의 하나이다. 이들은 과제를 우선적으로 보기 때문에 조직구성원들은 자신이 지시한 것의 결과를 만들어 내는 대상으로 생각한다. 반면에 서번트 리더십에서는 조직의 목적을 달성하는 데 있어서 가장 중요한 자원이 조직구성원들이라고 생각하고 조직구성원들의 업무추진 과정에서 조직구성원들의 성장을 도와주고 능력을 육성시키는 것이 리더의 역할이다.

둘째, 조직의 생산성 측면에서 전통적 리더십은 인간보다는 과제 중심의 관리에 치중하기 때문에 시간이나 경비, 또는 생산량 등 가시적이며 양적인 기준을 중심으로 평가한다. 이에 반해 서번트 리더십은 조직의 생산성을 측정할 때 조직의 과업이 사람보다 먼저일 수 없다는 사람 중심의 리더십 철학을 가지고 일의 결과와 함께 조직구성원들의 자발적인 행동의 정도를 평가하게 된다.

셋째, 조직구성원에 대한 믿음과 임파워먼트 측면에서 전통적 리더십은 자신의 경험과 지식이 조직구성원의 지식보다 우위에 있다고 생각하기 때문에 조직구성원들을 자신의 틀 안에 가두려 하고 조직구성원들의 비판이나 반대의견을 무시한다. 하지만 서번트 리더십은 조직구성원들이 스스로 움직일 때 조직의 성장에 가장 큰 힘이 된다는 믿음하에 조직구성원의 능력을 믿으며, 업무와 관련하여 그들의 판단을 존중하고, 조직구성원들에게 권한을 위임하고 조직구성원들이 그러한 권한을 행사하면서 업무를 추진할 수 있도록 필요한 자원을 지원해 준다.

넷째, 투자와 커뮤니케이션 방법측면에서 전통적 리더십은 상의하달식의 일방적 커뮤니케이션에 익숙한 반면 서번트 리더십은 자기 시간 중 많은 시간을 조직구성원을 위하여 사용하여 조직구성원들의 애로사항을 경청하고 이를 해결하기 위하여 대부분의 시간을 할애한다. 또한 목표수립 과정에서 조직구성원과의 커뮤니케이션을 활성화시켜 크고 작은 정보를 모두 공유한다.

이상을 종합하여 보면 전통적 리더십은 인간보다는 과업 중심의 관리에 치중하여 양적인 기준을 중시하는 반면, 서번트 리더십은 조직구성원들에게 권한을 위임하고 조직구성원들이 그러한 권한을 행사하면서 업무를 추진하는 사람 중심과 관계중심의 관리 형태이다.

2) 서번트 리더십에 관한 선행연구

서번트 리더십에 관한 선행연구 자료가 사회복지학계에서는 미흡하기에 부득이 교육학의 연구를 볼 때 선행연구자로서 Walker(1997)는 서번트 리더십의 철학을 바탕으로 운영되고 있는 대학을 대상으로 서번트 리더십이 어떻게 조직에 적용되며, 조직에 어떤 영향을 미치는가를 연구하였다. 그 결과 서번트 리더십이 대학관련자들 간의 신뢰도를 높이며 대학에 대한 자부심과 만족도를 높인다는 결론을 제시하였다. 또한 Gillham(1998)은 교육계 종사자 12명과 인터뷰를 통한 케이스 연구조사를 중심으로 서번트 리더는 조직구성원의 창의성과 자율성을 고취시키고, 서번트 리더십은 역할모델이 존재하며, 최고 리더의 지지가 있을 때 확산된다고 보았다.

리더의 특성을 연구하면서 Wheaton(1999)은 경청, 공감, 인지, 공동체 형성, 통찰, 비전 제시가 효과적인 리더십의 특성이라고 제시하였다. 교육계 종사자와의 인터뷰를 통한 케이스 연구를 통하여 서번트 리더십이 조직에 미치는 영향에 관한 연구를 하였다.

서번트 리더십의 영향을 연구하면서 Livovich(1999)는 교장의 서번트 리더십을 정량적으로 측정하였다. 분석결과 높은 교육수준을 가진 경우 지역의 학생수가 많을수록 서번트 리더십 특성을 나타냈다. 교육수준과 교장으로서의 경험과 지역의 학생수가 서번트 리더십에 영향을 미치는 것을 연구하였으며, 교장이 갖는 서번트 리더십의 속성을 연구한 Girard(2000)는 40명의 교장을 대상으로 서번트 리더십의 속성을 연구하였다. 나이와 교장의 경험연수, 관리자수에 따라 서번트 리더십과 업무관계에 대한 지식 간에도 유의한 상관관계가 존재한다고 결론지었다.

다른 연구자들의 입장에서 박풍규(2004)는 기관장과 조직구성원의 서번트 리더십에 있어서 관리적 행동은 중요한 영향요인이라 전제하였다. 조직구성원의 서번트 리더십에 영향을 줄 수 있는 행동적 특성을 행동적 일관성, 정직성, 통제의 공유와 위임, 커뮤니케이션(정확성, 해명, 개방성) 그리고 배려 등으로 제시하였다. 리더의 능력과 조직구성원에 대한 공감과 배려가 서번트 리더십에 영향을 준다고 Greenleaf(1998)가 제시하였다.

서번트 리더의 윤리, 도덕성과 관련된 속성을 Russell(2000)은 서번트 리더십의 핵심이라고 하였고, 서번트 리더와 조직구성원들 간의 상호작용에 대한 모델에서 Farling(1999)은 리더가 보여주는 비전과 설득에 의한 전달과 수정, 리더의 윤리, 도덕적 속성이 서번트 리더십에 영향을 준다고 분석하였다. 서번트 리더십 측정을 위한 도구에 대해서 Laub(1999)는 개인 수준이 아닌, 조직 단위에서 측정하고자 하였다.

〈표 2-4〉 서번트 리더십의 선행연구

연구자	연구내용	연구대상	연구방법	연구결과
Walker (1997)	서번트 리더십이 어떻게 조직에 적용되며, 조직에 어떤 영향을 미치는가를 연구	단과대 관련자들 (이사진, 이사장, 스텝, 교수, 학생)	사례 연구	1. 대학관련자들 간의 신뢰도 높아짐 2. 대학에 대한 자부심, 만족도 높아짐 3. 이사진의 적극적인 지지가 뒷받침
Gillham (1998)	서번트 리더십이 교육계에서 어떻게 적용되고 있는지와 그 결과에 대한 연구	교육계 종사자 (12명)	사례 연구	1. 서번트 리더는 조직구성원의 창의성과 자율성을 고취 2. 조직구성원들의 공동체 의식, 주인의식을 고취 3. 업무환경을 개선시킴 4. 서번트 리더십은 역할모델이 존재하고, 최고 리더의 지지가 있을 때 확산

연구자	연구내용	연구대상	연구방법	연구결과
Wheaton (1999)	서번트 리더십 특성과 지각된 효과적인 리더의 특성과의 관계 연구	교육계의 종사자 (스텝 14명)	사례 연구	1. 경청, 공감, 인지, 공동체 형성, 통찰, 비전 제시가 효과적인 리더의 특성으로 드러남. 2. 그러나 전반적으로 효과적인 리더에 대해 스텝들이 지각하고 있는 특성과 서번트 리더십 특성 간에 결정적인 관계는 없는 것으로 나타남
Livovich (1999)	리더의 개인특성과 지역 특성이 서번트 리더십에 미치는 영향을 연구	교장 (Indiana주의 227명의 교장)	사례 연구	교장의 교육수준과 교장으로서의 경험연수, 지역의 학생수가 서번트 리더십에 영향을 미침
Girard (2000)	교장이 갖는 서번트 리더십의 속성을 연구	교 장	사례 연구	1. 나이와 교장으로의 경험연수, 관리자수(administrators)에 따라 서번트 리더십에 차이가 나타남 2. 서번트 리더십은 지각된 학업성과와 교장 및 교장의 업무 만족도와 상관관계가 존재함 3. 교장 자신과 교육위원장, 교장 리더십에 대한 평가가 상이 4. 서번트 리더십과 업무관계에 대한 지각 간에도 유의한 상관관계가 존재함

※ 자료: Walker(1997), Gillham(1998), Wheaton(1999), Livovich(1999), Girard (2000).

그리고 조직의 서번트 리더십을 성별, 교육수준, 조직 형태, 역할, 나이, 조직근무 연수에 따라 각 개인이 지각하는 정도와 업무 만족에 대해 조사했다. 학자들이 연구한 서번트 리더십에 대한 선행연구는 <표 2-4>에 나타난 바와 같다.

이 조직에서의 위치, 역할과 나이, 근무연수에 따라 조직의 서번트 리더십을 지각하는 정도가 달라지는 관계를 연구했다. 또한 업무 만족과 지각된 조직의 서번트 리더십은 긍정적인 상관관계를 가지고 있는 것으로 제시하였다. 이 연구는 서번트 리더십을 조직문화와 같이 파악하여 조직구성원들의 조직에 대한 지각을 측정, 서번트 리더십을 측정하였다.

Levering(2000)의 델파이 조사를 통해 서번트 리더십 특정 항목 60가지를 추출하고, 문헌조사와 델파이 조사 결과를 통합하여 6개 차원으로 구성된 사전적 모형을 연구했으며 진실성, 존중성, 공정성을 중심으로 서번트 리더십을 측정하였다. 또한 국내 선행연구에서 이관응(2001)은 서번트 리더십의 핵심을 강조했고, 김광수(2002)도 서번트 리더십의 이론적 틀과 전망에 대해 제시했다. 그리고 권석균(2000)은 상급자 서번트 리더십과 행동 특성과 능력, 사회적 유사성 및 교환관계 특성이 미치는 영향에 관한 연구에서 상하급자 간의 관계에 있어서 서번트 리더십이 권한과 책임의 공유뿐만 아니라 협동적인 문제해결과 업무 수행을 위한 기초가 된다고 주장하였다.

김일식(2001)은 리더행동과 신뢰 인식유형이 직무 반응에 미치는 영향에 관한 연구에서 김형철(2002)은 리더십 유형 및 리더에 대한 신뢰와 조직몰입의 관계 연구에서 그리고 정기산(2002)은 중간관리자의 리더십 유형별 행동 특성과 신뢰와의 관계 연구에서 서번트 리더십 행동 특성 관련변인으로 Spears(1995)가 제시한 서번트 리더십 10가지 특징을 15개 문항으로 측정한 결과 '인지' 관련 문항이 상대적으로 높게 측정되었으며, 반면 '청지기 의식' 관련 문항은 낮게 측정되었다. 그러나 제 변인과의 실증분석에서는 단일변수로 분석에 활용하였다.

3. 조직몰입(organizational commitment)

조직몰입(organizational commitment)은 1960년대 이후 사회학, 산업심리학, 행동과학 등 여러 학문 분야에서 폭넓게 연구되어 왔다. 그리고 조직에 대한 심리적, 태도적 결과변수로 많이 연구되고 있고 개념에 대해서도 많은 논의가 진행되어 왔다. 조직몰입은 조직에 대한 목표와 가치의 동일시를 통해 나타나는 적극적이고 긍정적인 성향이다. 기존의 연구결과들을 종합하여 조직몰입에 대하여 정의해 보면 <표 2-5>와 같다.

조직몰입이란 Hrebiniak와 Allutto(1985)의 견해에 따르면 임금이나 지위 및 전문적 자유가 증가되고 현재보다 더 우호적인 환경이 있다 하더라도 현재의 조직을 떠나지 않겠다는 의사이다. 조직몰입의 구분을 McGee(1998)는 근속적 몰입(continuance commitment)과 정서적 몰입(affective commitment)으로 Allen(1990)은 정서적 몰입(affective commitment), 근속적 몰입(continuance commitment), 규범적 몰입(normative commitment)으로 구분하였다. 그리고 조직몰입에 대하여 Buchanan(1979)은 조직의 목표와 가치, 이와 관련한 자기의 역할 그리고 조직 그 자체를 위하여 가지는 정서적 애착심이라고 정의하면서 다음 3가지 요소로 조직몰입의 개념을 제시하였다. 첫째 개인이 조직의 목표와 가치관을 자신의 것으로 받아들이는 동일시 개념이다. 둘째 조직의 목표 및 가치관과 관련하여 자신의 역할에 몰두하는 몰입의 개념이다. 셋째 조직에 대한 애정적 느낌이나 집착으로서 충성심의 개념 등을 포함하고 있다고 주장하였다.

〈표 2-5〉 조직몰입의 정의

정 의	내 용	관 련 연 구
조직구 성원의 이해관계	조직몰입은 조직 내 잔류와 관련된 보상과 비용에 의하여 결정되며, 이러한 보상과 비용은 근속의 장기화에 따라 증대한다.	Hrebiniak & Allutto(1985)
행동과 태도의 속성	조직몰입은 의도적이고, 명백하고, 번복할 수 없는 행동을 개시한 후 개인이 그 행동에 속박되는 것이다.	O'Reilly & Chatmen(1986)
개인과 조직의 목표일치	조직몰입은 개인이 조직과 관련된 정체성을 가지며, 조직의 목표와 가치를 위하여 노력할 때 이루어진다.	Steers(1977) Mowday, Poter & Steers(1982) Smith(1995)

※ 자료: Reicher, A. E.(1985)를 바탕으로 하여 재구성.

교환론 입장에서 Becker(1980)는 부수적 투자이론을 제시하였으며, 조직몰입이란 행동이 비연속적일 경우 잃게 되는 부수적 투자의 축적 때문에 개인이 계속적인 행동을 하게 되는 성향이라고 정의했다. 그의 이론에 의하면 개인이 특정 조직에 투자를 많이 하여 조직 참가에 대한 기대가 클 때에 개인이 조직을 떠나면 손실이 많아지게 되므로 조직몰입이 커진다는 것이다. 그러나 이 이론은 조직몰입을 너무 협소하게 파악하여 조직구성원의 조직에 대한 몰입을 개인과 조직 간의 거래라는 경제적 측면으로만 설명하여 조직몰입을 너무 협의의 개념으로 보고 있다. 따라서 조직구성원이 조직에 남아 있는 다른 실질적 이유를 충분히 설명해 주지 못하기 때문에 널리 이용되지 않았다.

조직몰입의 이론 중 순응은 구체적으로 외재적인 보상을 얻기 위한 수단으로서 공유된 믿음의 존재 때문이 아니라 단순히 보상을 얻기 위해서 행동이나 태도를 취하는 경우이다. 또한 동일시는 친화에 대한 희망 때문에 생기는 몰입으로서 만족스러운 관계를 유지

하거나 만들기 위한 것이다. Steers(1977)는 조직몰입을 단순히 조직을 위한 충성심이 아니라 조직의 성공과 번영을 위하여 능동적·적극적으로 조직에 충성하려는 의지로 보았다. 마지막으로 내면화는 개인과 조직의 가치 및 목표가 일치하기 때문에 나타나는 몰입이라고 설명하였다(O'Reilly & Chatmen, 1986). 조직몰입을 하나의 태도 또는 행동의사로 보는 견해도 있고, 조직몰입을 하나의 '힘'으로 파악하려는 견해들도 있다.

이상에서 제시한 연구들을 종합하여 볼 때 본 연구에서는 조직몰입은 동일시와 애착 그리고 근속의지라고 정의할 수 있다. 개인의 조직에 대한 만족감, 소속감, 자부심, 충성심 등과 같은 감정을 통하여 느끼는 심리적 애착의 정도와 조직을 떠남으로써 잃게 될지도 모르는 축적된 투자나 부수적 투자 때문에 조직구성원으로서 남아 있다고 느끼는 개인적 경험의 정도 그리고 조직의 목표, 가치 및 사명의 내면화를 통해 조직에 대해 개인적으로 느끼는 심리적 상태라고 할 수 있다.

1) 조직몰입의 구성요소

조직몰입에 대한 구성요소에 Weiner(1982)는 내재화된 믿음의 총체로 조직을 위한 개인의 희생, 강화 또는 처벌에 의존하지 않는 행위와 조직에 대한 개인적인 몰입 행위 등으로 구성된다. 강철희·김교성(2003)은 조직몰입은 조직에 대한 개인의 심리적인 애착(attachment)에 기초하는 것으로, 이러한 심리적인 애착은 순응하는 행동, 동일시 행동, 조직가치의 내재화 행동 등으로 구성되어 있다고 규정하였다.

조직몰입을 신두봉(1997)은 두 가지 차원에서 접근하고 있는데 조직몰입은 조직구성원이 자신의 속해 있는 조직에 대한 애착과 긍지를 나타내는 애착몰입과 계속해서 근무하고 싶어 하는 근속몰입으로 구성되어 있다고 규정하였다. 그리고 김정주(1999)는 조직몰입을 세 가지 차원에서 접근하고 있는데 첫째, 조직의 목적과 규범 등에 대한 동일시로부터 발생하는 정의적 몰입, 둘째, 조직으로부터 받은 혜택 또는 조직에 대한 투자로부터 발생하는 근속적 몰입, 셋째, 조직에 대한 도덕적 책임감 등에서 기인하는 규범적 몰입 등으로 구성되어 있다고 정의하였다. 조직몰입 구성에 대한 모델은 기존의 연구들이 정서적 몰입의 측면에 많은 초점을 두고 있음에 비해 감정적 몰입, 거래적 몰입, 규범적 몰입 등의 세 가지 차원에서 보다 다각적이고 포괄적으로 접근하고 있다는 점에서 긍정적인 평가를 받고 있다(강철희·김교성, 2003).

이상의 연구를 종합하여 볼 때 본 연구에서는 조직몰입의 구성요소를 세 가지로 규정하였다. 첫째, 동일시는 기관 충성심, 모든 일을 기꺼이 할 자세, 나와 기관의 가치관의 일치, 기관의 비전에 대한 관심, 직원관리 방식에 대한 만족으로 세분화하였다. 둘째, 애착은 성공을 위한 노력과, 직장에 대한 확신, 기관에 대한 자부심, 타 기관에 대한 헌신, 기관이 직원에 대한 지원, 입사한 것에 대한 만족 등으로 규정하였다. 셋째, 근속의지는 이직을 원치 않음, 장기근속을 통한 혜택, 현 근무처에 대한 만족, 입사에 대한 자긍심 등으로 조직몰입의 구성요소를 규정하였다.

2) 조직몰입의 결정요인과
서번트 리더십의 상관관계에 관한 연구

서번트 리더십이 조직구성원에 대한 개별적 배려와 관심을 강조하고 있기 때문에 서번트 리더십을 발휘하는 리더가 높은 신뢰를 받는 다(정기산, 2002). 조직몰입의 결정요인을 Steers(1977)는 개인의 특성(성취욕구, 연령, 교육), 직무관련특성(자율성, 다양성, 환류성, 정체성, 직장 내 인간관계 발전기회), 작업 경험적 특성(집단태도, 조직의 신뢰성, 개인중요성)으로 정의하였다. 개인과 조직의 적합성(통제권한과 리더십 형태 간의 상호작용)으로, DeCoths와 Summers(1987)는 개인적 특성과 상황적 특성으로 구분한 뒤 다시 개인적 특성은 조직구성원 고유의 개인특성(연령, 성별, 인종, 교육, 직업)과 조직으로 인한 개인특성(재직기간, 직무 근무기간, 조직 수준, 승진 경험)으로 보았다. 상황적 특성은 조직구조(공식화, 집권화, 역할갈등, 역할모호), 조직절차(의사결정, 리더십, 의사전달, 보상, 승진, 환류), 조직문화(자율, 신뢰, 응집, 지원, 인지, 압력, 공정성, 쇄신)로 보았다.

개인과 조직특성의 입장에서 Putti(1995)는 개인적 특성(연령, 성별, 근무기간, 소득수준, 혼인여부, 교육)과 조직특성(직무 특성, 보수, 감독, 승진기회)으로 구분하여 조직몰입에 영향을 미치는 결정변수에 대한 연구를 수행하였다. Zohra(1997)는 집단의 분위기, 개인의 자아실현, 리더십 유형 등이 조직몰입과 상관관계가 있는 것으로 언급하고 있다. 서번트를 조직문화 측면에서 조직구성원들의 조직에 대한 지각을 기초로 서번트 리더십을 측정하였다.

리더십 측정을 위한 도구를 만들기 위하여 Laub(1999)는 서번트 리더십 6가지 차원으로 구성된 사전적 모형을 제시했지만 실증분석에서는 단일차원으로 관계분석에 활용하였다.

이러한 서번트 리더십과 조직몰입의 관계를 규명한 연구로 직간접적인 선행연구는 <표 2-6>과 같다.

〈표 2-6〉 서번트 리더십과 조직몰입의 상관관계에 관한 선행연구

연구자	연구대상	목 적	연 구 내 용
김호정 (1999)	공무원과 회사원	서번트 리더십이 조직몰입에 영향을 미치는 과정을 설명하고 공·사 조직 간 서번트 리더십과 조직몰입의 관계비교	리더에 대한 서번트 리더십이 조직몰입에 영향을 미치는 것으로 제시
정기산 (2002)	기업 및 공무원	중간관리자의 리더십 유형별 행동 특성이 조직구성원의 중간관리자에 대한 서번트 리더십과 어떠한 관계가 있는지 규명	서번트 리더십을 발휘하는 리더가 높은 신뢰를 받는다고 제시
김형철 (2002)	공공조직 공무원, 일반사무직 직원	조직몰입과 리더십 유형과의 관계에 있어서 리더에 대한 서번트 리더십의 매개효과의 유의성을 파악	리더에 대한 서번트 리더십과 조직몰입의 관계에 대해 유의미하다고 제시
이 정, 장영철 (2003)	대기업 종사자 조직구성원	리더십 이론들이 조직의 서번트 리더십과 조직몰입에 어떤 관계를 갖는지를 종합적으로 규정하는 데 목적을 두었다	리더십과 조직신뢰와의 관계에 상급자의 배려행위는 하급자의 조직신뢰와 조직몰입에 유의한 관계가 있다고 제시
윤대균 (2004)	호텔조직 내의 상사와 조직구성원	서번트 리더십, 매개요인인 리더신뢰와 가치일치 그리고 결과요인인 조직구성원 태도 사이에 어떠한 관계가 있는지를 파악	서번트 리더십이 리더신뢰에 직접적으로 유의미한 영향력을 미치는 것으로 제시
차현수 (2004)	항공사, 관광, 보험금융, 교육연수기관 등 서비스기업 7개 직종 조직구성원	서비스현장에서 조직구성원의 직무태도에 영향을 미칠 수 있는 서비스 현장관리자의 리더십 특성요인 파악	조직몰입과 직무몰입의 직무태도 중 조직몰입이 서비스 성과에 긍정적 영향을 미치는 것으로 제시
최남례 (2005)	유치원, 어린이집 교사	유아교육기관의 서번트 리더십과 교사의 조직 헌신성과의 관계	서번트 리더십과 조직 헌신성 간에는 높은 상관이 있고 서번트 리더십이 교사의 헌신성에 영향을 미치는 것으로 제시
백경숙, 윤지영 (2006)	유아교육 기관의 교사	교사가 지각하는 유아교육기관의 서번트 리더십과 교사 직무만족도와 관계가 있는지를 규명해 유아교육기관의 리더십 방향을 제시함	서번트 리더십과 교사 직무만족도와의 상관관계에 유의미한 영향력이 있음을 제시

※ 자료: 기존 연구 자료를 바탕으로 구성

<표 2-6>에서 제시한 바와 같이 서번트 리더십에 대한 연구는 경영학계와 교육학계에서는 연구가 되었지만 현재 사회복지학계에서는 선행된 연구가 미흡하기에 타 분야의 선행연구를 검토해 보면 다음과 같다. 서번트 리더십과 조직몰입에 관한 연구를 통해 김호정(1999)은 조직 내 서번트 리더십이 조직몰입에 미치는 영향을 분석한 결과, 조직신뢰, 상관신뢰, 동료신뢰는 리더에 대한 신뢰 역시 조직몰입에 의미 있는 영향을 미친다고 주장하였다.

김형철(2002)은 리더십 유형 및 리더에 대한 신뢰와 조직몰입의 관계에 대한 연구를 통하여 유의미성이 있다는 결과를 제시하였다. 리더십 유형과 조직몰입에 미치는 영향에 관한 연구를 통하여 이정·장영철(2003)은 리더십과 조직신뢰와의 관계에 상급자의 배려행위는 하급자의 조직신뢰와 긍정적인 유의미한 관계를 가지고 있다고 주장했다. 또한 조직신뢰와 조직몰입과의 관계는 매우 유의미한 긍정적 관계를 가지고 있다고 본다. 하급자가 내부집단이라고 자각할수록 조직몰입은 크며 하급자가 외부집단이라고 생각할수록 조직몰입은 낮은 것으로 확인하였다.

호텔조직에서의 서번트 리더십이 조직구성원의 태도에 미치는 영향에 대한 분석을 통하여 윤대균(2004)은 서번트 리더십이 리더신뢰에 직접적으로 유의미한 영향력을 미치는 것으로 주장했다. 또한 서번트 리더십이 조직구성원의 추가적 노력에 직접적으로 유의미한 영향력을 미치는 것으로 확인하였다.

현장관리자의 서번트 리더십 특성이 종사자의 직무태도와 서비스 성과에 미치는 영향에 관한 연구에서 차현수(2004)는 서번트 리더십이 조직몰입과 직무몰입의 직무태도 중 조직몰입이 서비스 성과에 긍정적 영향을 미치는 것으로 분석하였다. 또한 조직이 성과를 달성하는 과정은 곧 조직구성원의 태도 형성과정이며, 리더십은 조직구성원을 움직이며 지휘하는 하나의 관리활동으로 볼 수 있기 때문에 조직구성원의 창의력 발휘와 자발적 참여를 촉진하여 조직의 성공을 이끌 수 있는 가장 중요한 요소 중의 하나가 바로 서번트 리더십이라고 주장했다.

서번트 리더십에 대한 유아교육기관 종사자의 지각이 조직 헌신에 미치는 영향에 관한 연구에서 최남례(2005)는 서번트 리더십과 교사의 조직 헌신성 간에는 높은 상관관계가 있고 서번트 리더십이 교사의 헌신성에 영향을 미친다고 하였다. 이 결과에서는 서번트 리더십과 조직 헌신성의 상관관계 분석에서 이 둘은 높은 긍정적 상관이 있으며 서번트 리더십의 하위요인 간에도 모두 긍정적인 상관관계가 있는 것으로 분석하였다.

또한 교사가 지각하는 유아교육기관의 서번트 리더십과 직무만족도와의 관계에 관한 연구에서 백경숙·윤지영(2006)은 교사가 지각하는 유아교육기관의 서번트 리더십과 교사 직무만족도와의 상관관계를 분석한 결과 유아교육기관의 서번트 리더십과 교사 직무만족도 간에는 유의미한 긍정적인 상관관계가 있다고 주장했다.

이상의 선행연구를 종합하여 볼 때 조직몰입의 결정요인을 Steers(1977), DeCoths와 Summers(1987), Putti(1995)는 개인적 특성과 상황적 특성 그리고 조직특성이 긍정적인 관계가 있는 것으로 보고 있다. 그리고 Zohar(1997)는 집단 분위기, 개인의 자아실현, 리더십 유형이 유의미하다고 보고 있다. 국내연구에서는 조직몰입에 미치는 영향을 신뢰, 배려, 리더십, 서번트 리더십 등으로 보고 있으며 조직몰입과의 관계에서도 긍정적인 관계가 있다는 것이 실증된 연구결과이다.

Part 3　연구방법

1. 연구모형의 설계

1) 연구모형 및 연구

지관장의 서번트 리더십이 조직몰입에

본 연구는 노인복 끼치는 영향을 검증하는 데 목적을 두고 있다. 하지만 선행연구에서 노인복지관의 특성에 부합되고 사회복지사에게 적용될 수 있는 합의된 이론이나 모델에 관한 선행연구가 미흡했다. 따라서 본 연구에서는 리더십 연구에 대한 새로운 접근 방법이라 할 수 있는 기관장의 서번트 리더십에 따른 사회복지사의 조직몰입에 대한 상관관계를 살펴보았다. 특히 서번트 리더십의 행동특성의 하위요인이 조직몰입에 어떠한 영향을 주는지에 대해 중점적인 연구의 목적이 있다. 기본모형은 독립변수인 기관장의 서번트 리더십에 대한 사회복지사의 지각 정도가 종속변수인 사회복지사의 조직몰입에 미치는 영향을 살펴보고, 통제변수인 조직적 요인과 개인적 요인이 서번트 리더십 요인과 종속변수인 조직몰입 간에 유의미한 통제 역할을 하고 있는지 여부를 연구하기 위해 정리한 연구모형은 [그림 3-1]과 같다.

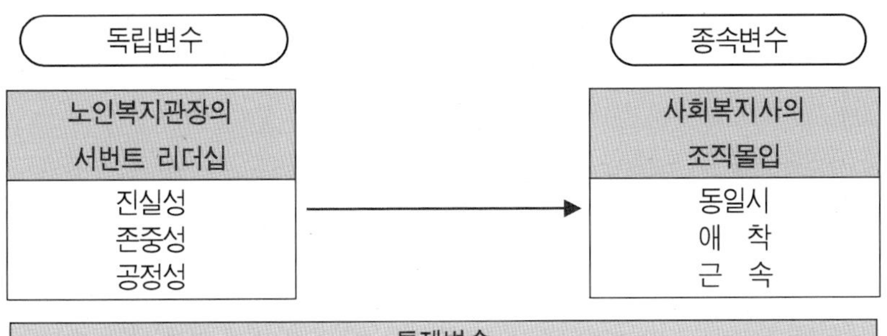

[그림 3-1] 연구모형

 본 연구에서는 노인복지관에 종사하는 사회복지사가 지각하는 노인복지관장의 서번트 리더십 수준과 특성에 따른 사회복지사의 조직몰입에 관한 연구문제를 다음과 같이 설정하였다.

<연구문제1> 사회복지사들이 지각하는 노인복지관장의 서번트 리더십 수준은 어떠한가?

<연구문제2> 사회복지사들의 개인 및 조직적 요인에 따라 지각하는 노인복지관장의 서번트 리더십은 어떤 관계가 있는가?

<연구문제3> 사회복지사들의 개인 및 조직적 요인에 따른 사회복지사들의 조직몰입도는 어떤 관계가 있는가?

<연구문제4> 사회복지사들이 지각하는 노인복지관장의 서번트 리더십 수준과 사회복지사와의 조직몰입은 어떤 관계가 있는가?

<연구문제5> 사회복지사들이 지각하는 노인복지관장의 서번트 리더십 행동 특성 중 사회복지사의 조직몰입에 가장 큰 영향을 미치는 요인은 무엇인가?

2. 측정도구

본 연구에서 사용되는 변수는 독립변수와 종속변수로 분류된다.

〈표 3-1〉 변수의 선정

구 분	구 성		문항수	설문번호
독립 변수	서번트 리더십	진실성	12	Ⅰ.1 - Ⅰ.12
		존중성	13	Ⅰ.13 - Ⅰ.25
		공정성	10	Ⅰ.26 - Ⅰ.35
통제 변수	조직적 요인	조직 환경적	8	Ⅲ.3 -7, 9 -11
	개인적 요인	인구사회학적	3	Ⅲ.1, 2, 8
종속 변수	조직몰입	동일시	5	Ⅱ.3, 4, 5, 12, 13
		애 착	6	Ⅱ.1, 2, 6, 7, 8, 10
		근 속	4	Ⅱ.9, 11, 14, 15

본 연구에서는 독립변수를 서번트 리더십으로 선정하였다. 그리고 노인복지관장과 사회복지사 간의 종속변수를 조직몰입으로 선정하였으며, 통제변수의 2개의 하위영역 중 조직적 요인과 개인적 요인으로 선정하였다.

1) 변인의 정의

본 연구에서 독립변수인 서번트 리더십 척도는 Levering(2000)의 문항을 사용하였다. 서번트 리더십은 Greenleaf(1970)가 주장한 개념에 의해 타인을 위한 봉사에 초점을 두며, 조직구성원, 고객 및 지역공동체를 우선으로 여기고 그들의 욕구를 만족시키기 위해 헌신하는 리더십으로, 서번트 리더십을 측정하기 위한 설문은 모두 35개의 문항으로 이루어져 있다. 설문의 구성과 문항들은 서번트 리더십인 세 가지 측면을 파악할 수 있게 되어 있다.

첫째, 진실성(credibility)으로 조직구성원들이 지각하는 노인복지관장과의 커뮤니케이션 역량, 업무추진 능력, 비전추구 능력, 성실성 및 신뢰성 정도를 추구하는 수준을 반영하는 지표로서 12개의 문항으로 구성되어 있으며 Cronbach α=0.8935로 분석되었다. 둘째, 존중성(respect)으로 조직구성원이 지각하는 노인복지관장의 직원평가에 대한 내용이다. 이 문항은 노인복지관장이 사회복지사들에게 존중을 받고 있다고 지각하는 것을 나타내는 것으로 인격적인 대우뿐만 아니라 전문가로서 성장하기 위한 지원 및 협조를 받고 있다고 지각하는 수준을 반영하는 지표이다. 여기에는 사회복지사들의 일이나 근무조건 등에 영향을 미치는 의사결정이 포함되어 있다. 또한 직원들을 단지 피고용인이 아닌 개인으로 존중하는 자세 등의 13개의 문항으로 구성되어 있으며 Cronbach α=0.9170으로 분석되었다. 셋째, 공정성(fairness)으로 노인복지관장과 기관 정책에 관한 것으로 평가, 보상 및 승진에 대한 공정성과 학력, 학연, 지연 및 성별에 따른 편애가 없다고 사회복지사들이 지각하는 수준을 반영하는 지표로서 10개의 문항으로 구성되어 있으며 Cronbach α=0.9176으로 분석되었다. 문항은 진실성 12문항, 존중성 13문항, 공정성 10문항으로 총 35개의 문항으로 서번트 리더십을 측정하였는데, 전체 서번트 리더십에 대한 신뢰도는 Cronbach α=0.9096으로 분석되었다. 조직적요인 변수는 직종, 직급, 경력, 타 직종여부, 채용방법, 관장과의 관계, 운영주체 등의 11개 문항으로 측정한다. 개인적 요인 변수는 성별, 연령, 학력 등의 3개 문항으로 측정한다.

종속변수인 조직몰입을 측정하기 위하여 Mowday(1982)가 개발한 척도 OCQ(organizational commitment questionnaire)를 사용하였다. 조직몰입의 정의는 Buchanan(1979)에 의해 조직의 목표와 가치, 이와 관련한 자기의 역할 그리고 조직 그 자체를 위하여 가지는 정서적 애착심이라고 정의하면서 조직몰입 정도를 측정설문은 15문항으로 구성되어 있으며 Cronbach $\alpha=0.7842$로 나타났다. 또한 변수는 '전혀 아니다'에서 '매우 그렇다'까지 5점 척도로 구성하였다. 조직몰입 변수는 평균 점수가 높을수록 조직에 몰입하는 정도가 높다는 것을 의미한다.

3. 표집방법과 분석방법

1) 조사대상 및 자료의 수집

본 연구의 대상은 조사의 신뢰도를 높이기 위해서 전국에 소재한 135개의 노인복지관의 사회복지사를 중심으로 조사를 실시하였다. 본 연구는 구조화된 설문지를 이용한 서베이 방법을 활용하여 노인복지관의 실무자 중 근속연수가 1년 이상인 사회복지사들을 대상으로 설문조사를 실시하였으며, 모집단은 전국에 있는 노인복지관에 종사하는 사회복지사들이 된다.

자료수집은 연구자가 직접 노인복지관에 방문하거나, 우편을 통하여 관장 또는 부장에게 질문지 작성법을 설명한 후 설문에 응답하게 하였다. 전국에 있는 총 135개 노인복지관(직원들의 현황은 가형(17명 이상), 나형(11~16명), 다형(7~10명))의 사회복지사들이 2~8명 정도로 근무하고 있다(보건복지부, 2005). 본 연구자는 2005년 7월 25일부터 8월 13일까지 사전조사를 실시하여 수정·보완한 후에 본 조사는 2005년 8월 22일부터 9월 10일까지 배포·회수하였는데 1년 이상 근무한 사회복지사를 대상으로 5부씩 총 675부의 설문지를 배포하고 268부를 수거하였고 조사대상기관의 대상자가 직접 응답하는 자기 기입식 조사방법을 선택하였다.

측정도구의 신뢰도와 타당도를 높이기 위해 예비 설문지를 작성하여 인천광역시 실무자 20명을 대상으로 사전조사(pilot test)를 실시하였는데 대체적으로 만족한 결과였지만, 사전조사 결과 응답자가 이해하기 어렵다고 진술하거나 잘못 판단할 수 있는 문맥을 보완·수정하여 설문의 타당성과 신뢰도 및 적정성을 검증받은 후에 설문조사를 실시하였다.

2) 분석방법

본 연구에서 측정된 자료를 연구목적에 적합하게 분석하기 위해 자료를 다음과 같은 방법으로 분석하였다. 먼저 표본의 특성을 알기 위하여 노인복지관장에 대한 서번트 리더십 수준과 조직몰입의 3개 하위영역을 표준편차와 평균값을 빈도분석 등의 기술통계 분석을 하였다.

또한 사회복지사의 통제변인 즉, 조직적 요인인 8개 변인과 개인적 요인 3개 변인에 따라 노인복지관장의 서번트 리더십 수준과 조직몰입에 대한 상관관계를 파악하기 위해서는 분산분석 t-test를 실시하였다. 그리고 실제로 변수와 변수 간에 어느 정도 관련성이 있는가에 대한 상관관계를 알아보기 위해 서열척도로 설문을 구성한 통제변수와 서번트 리더십, 조직몰입에 대한 상관관계 분석을 피어슨의 상관계수(pearson correlation : r)를 통해서 상관관계를 파악하였다. 그리고 독립변수인 서번트 리더십의 특성과 변수인 진실

성, 존중성, 공정성의 영역에 대해서는 268명의 개별응답자와 95개
의 노인복지관에 대한 평균과 표준편차를 비교 분석하였다. 마지막
으로 서번트 리더십 수준인 독립변수와 종속변수 조직몰입의 3개
하위영역에 어느 정도 영향을 주는가를 분석하기 위해 위계적 회귀
분석을 실시하여 분석하였다.

Part 4 연구결과 및 해석

1. 조사대상

1) 조사응답자의 일반적 특성

조사대상자의 일반적 특성 중 성별의 구분, 연령, 최종학력, 종교 현황을 빈도와 백분율로 나타낸 빈도분석 결과가 아래의 <표 4-1>에 제시되었다. 먼저 성별 분포를 보았을 때 여자가 152명(56.7%)으로 남자 116명(43.3%)에 비해서 다소 많았다. 이는 사회복지분야에 종사하는 성별 비율이 여자가 높은 것과 일치한다고 해석할 수 있다. 연령분포를 보았을 때 평균연령이 31.7세로 나타났는데, 26~30세 연령분포가 108명(40.3%)으로 가장 높은 비율을 나타냈으며, 다음으로 31~35세가 79명(29.5%)으로 나타났다. 최종학력은 4년제 대학졸업이 178명(66.4%)으로 가장 많았으며, 다음으로 대학원 재학 및 졸업 이상이 55명(20.6%)으로 나타났다.

〈표 4-1〉 조사응답자의 일반적 특성

n=268

변　수		빈　도	백분율
성　별	남	116	43.3
	여	152	56.7
나　이	25세 이하	38	14.2
	26~35세 이하	187	34.9
	36 이상	43	8.0
학　력	고　졸	12	4.5
	전문대졸	23	8.6
	대　졸	178	66.4
	대학원재	9	3.4
	대학원졸	46	17.2
종　교	기독교	102	38.1
	불　교	38	14.2
	천주교	53	19.8
	무　교	75	28.0

2) 조사응답자의 직급과 경력의 특성

　조사대상자의 조직적 특성 중 노인복지관에서의 직급과 현재 종사하고 있는 노인복지관에서의 근무기간 및 현 기관을 포함한 사회복지기관에서의 종사경력, 그리고 현재의 사회복지분야 종사를 포함한 다른 직종에 대한 종사여부 등에 대해서 빈도와 백분율을 통한 빈도분석을 살펴본 결과는 <표 4-2>와 같다.

　조사자의 직급에 대한 구분에 있어 노인복지관에 종사하고 있는 현재 직급은 전체 응답자의 172명(64.2%)이 평직원으로 나타났으며, 과장 40명(14.9%), 대리 35명(13.1%) 순으로 나타났으며, 부장급 이상 고급 관리자들도 21명(7.8%)인 것으로 나타났다. 현재 근

무하고 있는 노인복지관의 근무경력에 대한 기술통계 분석에서 평
균값이 29.5를 나타냈는데, 현 복지관 근무경력은 평균 2년 5개월
인 것으로 분석되었다. 이를 범주화하여 분석한 결과, 1~2년 이하
의 경력자가 전체 응답자의 1/3 정도가 되는 102명(38.1%)인 것으
로 나타났으며, 1년 이하의 경력자도 63명(23.5%)이나 되는 것으로
나타났다. 또한 현재 복지관에 5년 이상 근무한 사회복지사들도 28
명(10.4%)인 것으로 분석되었다.

〈표 4-2〉 조사응답자의 조직 환경적 특성

n=268

변　수		빈　도	백분율
직　급	평직원	172	64.2
	과장(대리)	75	14.8
	부장(국장)	21	3.9
현 기관 근무경력	1년 이하	63	23.5
	1~3년 이하	149	55.6
	3~5년 이하	56	10.4
사회복지 총 근무경력	1년 이하	30	11.2
	1~3년 이하	114	21.2
	3~10년 이하	106	19.7
	10년 이상	18	6.7
타 직종 종사여부	있　다	120	44.8
	없　다	148	55.2

　전체 사회복지기관 종사경력에 대한 기술통계 분석 평균값이
50.4개월로 나타났는데, 이는 전체 사회복지기관 종사경력이 평균 4
년 정도가 되는 것으로 나타났다. 이를 범주화하여 빈도 분석한 결
과 1~2년 이하가 78명(29.1%)으로 나타났으며, 5년 이상 장기근속
자도 84명(39.5%)으로 나타났다. 사회복지기관 외의 타 직종 경력

여부에 대해서는 타 직종 경험이 없는 응답자가 148명(55.2%)으로 타 직종 종사경험이 있는 응답자 120명(44.8%)에 비해 다소 높게 분석되었다.

3) 조사응답자의 소속기관과의 조직 환경적 특성

조사대상자 268명의 사회복지사의 소속기관과의 조직 환경적 특성 중 기관에서의 본인의 채용방법과 현재 근무하고 있는 기관의 운영주체를 빈도와 백분율을 통해 빈도 분석한 결과는 <표 4-3>과 같다.

<표 4-3> 조사응답자의 소속기관과의 조직 환경적 특성

n=268

변 수		빈 도	백분율
채용방법	공개채용	213	79.5
	특별채용	55	20.5
운영주체	국가 또는 지방정부	12	4.5
	사회복지법인	133	49.6
	학교법인	25	9.3
	사단법인	35	13.1
	재단법인	14	5.2
	종교법인	49	18.3

채용방법에 있어서는 213명(79.5%)이 공개 채용되었으며, 특별채용도 55명(20.5%)이나 되는 것으로 분석되었다. 또한 노인복지관의 운영주체에 대한 분석결과 전체의 1/2 정도인 133명(49.6%)이 속한 노인복지관 운영주체가 사회복지법인으로 나타났으며, 종교법인 49명(18.3%), 사단법인 35명(13.1%) 순으로 나타났다. 또한 국가나 지

방자지단체의 직영으로 운영되는 경우는 4.5%에 불과한 것으로 분석되었다. 우리나라 노인복지관의 운영형태는 주로 위탁방식으로 운영되고 있으며, 위탁운영주체는 1/2 정도가 사회복지법인으로 분석되었다.

2. 서번트 리더십의 특성

조사응답자가 지각한 서번트 리더십 특성 즉, 노인복지관장의 진실성 영역 12문항, 존중성 영역 13문항, 공정성 영역 10문항에 대해 268명의 개별응답자와 135개의 노인복지관 중에서 설문지를 회수한 95개 노인복지관에 대한 평균과 표준편차 등을 비교하기 위한 기술통계 분석표는 <표 4-4>와 같다.

조사응답자 개인이 지각하는 서번트 리더십 특성, 전체 35문항에 대한 평균값은 3.58(sd=0.63)로 나타났으며, 공정성 영역부문에서 전체 서번트 리더십 평균과 비슷한 3.59(sd=0.62)로 나타났다.

<표 4-4> 서번트 리더십 특성

변 수	사회복지사(n=268)	노인복지관(n=95)
	평균(표준편차)	평균(표준편차)
진실성	3.62(0.65)	3.63(0.52)
존중성	3.53(0.62)	3.51(0.47)
공정성	3.59(0.62)	3.60(0.47)
전체 서번트 리더십	3.58(0.63)	3.58(0.48)

또한 노인복지관장의 리더십의 진실성 영역에는 평균보다 높은 3.62(sd=0.65)로 나타났는데, 존중성 영역에는 평균값보다 낮은 3.53(sd=

0.62)으로 나타났다.

이는 개인별로 지각하는 노인복지관장의 서번트 리더십 특성 중 사회복지사에 대한 진실성(3.62)은 높이 평가되지만 사회복지사가 지각하는 노인복지관장에 대한 존중성(3.53)은 상대적으로 다소 낮게 지각하는 것으로 분석되었다. 또한 노인복지관별 서번트 리더십 순위는 개인별 지각한 서번트 리더십 특성과 같으나, 존중성 영역은 개인별 서번트 리더십보다 낮게 분석되었다. 이는 노인복지관별로 지각하는 존중성의 차이가 더 크다고 해석할 수 있다.

1) 진실성

조사응답자가 지각한 서번트 리더십 특성 중 노인복지관장의 진실성을 파악하기 위해 12문항으로 구성된 설문에 대해 268명의 개별응답자와 95개 노인복지관에 대한 평균값과 표준편차 등을 비교하기 위한 기술통계 분석표는 <표 4-5>와 같다. 조사응답자 개인이 지각하는 서번트 리더십 특성 중 진실성 영역의 전체 12문항에 대한 평균값은 3.62(sd=0.89)로 나타났다. 또한 12문항 평균값에서 약속 잘 지킴, 기대사항에 대한 명확한 비전 제시, 이슈나 변화제시의 수준이 상대적으로 높은 것으로 나타났다. 그러나 편안한 대화, 인사배치와 조정, 자율적 결정권한이 상대적으로 낮은 수준으로 분석되었다. 이를 통해서 볼 때 개인이 지각하는 노인복지관장의 서번트 리더십 특성 중 진실성 영역에서 조직구성원에 대한 비전과 기대사항은 명확히 제시하는 반면, 관리자로서 편안하게 피드백을 주고받는 자율적 의사결정 권한은 부족한 것으로 해석할 수 있다. 이는 노인복지기관에 근무하는 종사자의 업무특성상 클라이언트에 대해 욕구를 파악하고 해결책을 지시하기 위한 명확한 피드백을 제시해 주는 역할에 대한 환경적 요인이 장점이라 한다면, 노인복지관 조직특성상 인사나 행정에 관련된 핵심 업무에 대해서는 부장급 이상 고위관리직이 아니면 공유하지 않는 노인복지관 특성이 반영된 결과라고 해석할 수 있다.

〈표 4-5〉 서번트 리더십 특성(진실성)

변 수	사회복지사(n=268) 평균(표준편차)	노인복지관(n=95) 평균(표준편차)
기대사항 명확히 제시	3.78(0.89)	3.80(0.67)
이슈나 변화 알려줌	3.75(0.88)	3.77(0.67)
솔직한 피드백	3.49(0.95)	3.53(0.71)
편안하게 대화	3.43(1.02)	3.41(0.77)
조직 이끄는 능력	3.59(0.84)	3.60(0.63)
효율적 인사배치와 조정	3.37(0.95)	3.38(0.77)
업무수행에 대한 믿음	3.69(0.78)	3.71(0.56)
자율적 결정권한	3.22(1.01)	3.21(0.78)
조직비전 명확히 앎	3.71(0.89)	3.66(0.71)
약속 잘 지킴	3.87(0.79)	3.89(0.62)
언행일치	3.75(0.83)	3.77(0.60)
업무수행 정도 지킴	3.74(0.82)	3.75(0.62)
전체 진실성	3.62(0.89)	3.63(0.68)

2) 존중성

조사응답자가 지각한 서번트 리더십 특성 중 노인복지관장의 존중성을 파악하기 위해 13문항으로 구성된 설문에 대해 268명의 개별응답자와 95개 노인복지관에 대한 평균값과 표준편차 등을 비교하기 위한 기술통계 분석은 <표 4-6>과 같다. 조사응답자 개인이 지각하는 서번트 리더십 특성 중 존중성의 전체 13문항에 대한 평균값은 3.58(sd=0.82)로 나타났다. 또한 13문항 평균에 대해 제안 구하는 노력, 실수에 대한 수용, 좋은 업무성과에 대한 인정이 각각 높은 수준으로 나타났다. 반면에 좋은 환경과 인프라 구축, 개인적인 시간 갖기, 고유한 혜택 많음, 성장 위한기회제공, 필요한 지원이 각각 낮은 수준으로 분석되었다.

<표 4-6> 서번트 리더십의 특성(존중성)

변 수	사회복지사(n=268) 평균(표준편차)	노인복지관(n=95) 평균(표준편차)
필요한 지원	3.46(0.67)	3.45(0.48)
성장위한 기회제공 받음	3.49(1.01)	3.44(0.74)
좋은 업무성과 인정	3.76(0.78)	3.68(0.54)
실수에 대한 수용	3.76(0.70)	3.71(0.52)
제안 구하기 위해 노력	3.83(0.82)	3.79(0.68)
의사결정에 참여	3.69(0.80)	3.66(0.51)
안전한 작업환경	3.74(0.74)	3.72(0.51)
편안하게 일할 분위기	3.45(0.87)	3.48(0.70)
좋은 환경과 인프라구축	3.69(0.88)	3.37(0.66)
직장개인생활조화	3.70(0.86)	3.42(0.66)
인격체로 존중	3.71(0.74)	3.67(0.56)
개인적인 시간 갖기	3.22(0.88)	3.21(0.67)
고유한 혜택 많음	3.10(0.96)	3.09(0.63)
전체 존중성	3.58(0.82)	3.56(0.63)

반면에 노인복지관별 존중성 영역에 있어 평균값은 3.56(sd=0.63)으로 개인평균값보다 낮게 나타났으며, 제안을 구하기 위한 노력이 가장 높은 수준으로 분석되었지만 개인별 지각하는 존중성 영역이 그다음 수준으로 나타났다. 또한 직장과 개인생활조화와 개인

시간 갖기와 개인별 존중성과 같이 개인시간 갖기와 고유한 혜택 갖기가 가장 낮은 수준으로 나타났다.

<표 4-6>에서 알 수 있듯이 노인복지관장의 조직구성원들에 대한 존중성은 실수에 대한 인정이나 성과에 대한 칭찬 등을 통한 격려 및 위로는 잘하는 반면, 개인적인 시간을 갖게 한다거나 고유한 혜택을 갖게 하는 권한부여가 부족한 것으로 해석할 수 있다. 이는 <표 4-5>에서도 나타난 바와 같이 노인복지관 조직 내의 구성원들에 대한 역할 및 권한 영역이 상대적으로 문제가 있는 것으로 해석할 수 있다.

특히 개인과 노인복지관별 지각하는 서번트 리더십 존중성에 대해서 좋은 환경과 인프라 구축과, 개인과 직장생활조화에 있어 노인복지관별 지각하는 존중성이 상대적으로 낮은 것으로 분석되었다. 반면 노인복지관별 존중성 영역에 있어 평균값은 3.56(sd=0.63)으로 개인평균값보다 낮게 나타났으며, 제안을 구하기 위한 노력이 가장 높은 수준으로 나타났다. 그리고 개인생활조화와, 개인시간 갖기와 개인별 존중성과 같은 고유한 혜택 갖기가 가장 낮은 수준으로 나타났다.

3) 공정성

조사응답자가 지각한 서번트 리더십 특성 중 노인복지관장의 공정성을 파악하기 위해 10문항으로 구성된 설문에 대해 268명의 개별응답자와 95개 노인복지관에 대한 평균값과 표준편차 등을 비교하기 위한 기술통계 분석은 <표 4-7>과 같다.

조사응답자 개인이 지각하는 서번트 리더십 특성 중 공정성의 전체 10문항에 대한 평균값은 3.59(sd=0.81)로 나타났다. 또한 10문항 평균에 대한 순위는 학연, 지연, 성별에 대한 편애 없이 공정한 대우가 각각 가장 높은 수준으로 나타났다. 반면에 승진의 공정성, 이의제기 후 공정처리, 공정한 보상은 가장 낮은 수준으로 나타났다.

    <표 4-7>을 통해 보듯이 노인복지관장의 리더십 특성 중 공정성 영역에서 학연, 지연, 성별 등에 대한 차별은 상대적으로 적은 것으로 해석할 수 있으며, 평균값에 비해 상대적으로 낮은 수치를 나타낸 공정한 보상에 대해서는 대부분 불만족을 나타내는 것으로 해석할 수 있다.

〈표 4-7〉 서번트 리더십 특성(공정성)

변 수	사회복지사(n=268) 평균(표준편차)	노인복지관(n=95) 평균(표준편차)
공정한 보상	3.15(0.92)	3.16(0.70)
중요구성원으로 대우	3.47(0.77)	3.46(0.49)
열심히 하면 인정받기	3.66(0.79)	3.67(0.59)
학지연무관 공정한 대우	3.87(0.75)	3.88(0.52)
성별무관 공정한 대우	3.87(0.77)	3.88(0.58)
나이무관 공정한 대우	3.80(0.76)	3.80(0.55)
특정인 편애 없음	3.74(0.87)	3.72(0.57)
이의제기 후 공정처리기대	3.39(0.81)	3.42(0.63)
승진의 공정처리	3.39(0.79)	3.39(0.63)
아부나 험담안함	3.54(0.88)	3.59(0.67)
전체 공정성	3.59(0.81)	3.60(0.62)

    또한 노인복지관별 공정성 영역은 평균 3.60(sd=0.62)으로 나타났다. 개인별 지각한 진실성 상위수준과 하위수준은 동일하게 분석되었다. <표 4-7>에서 나타나듯이 서번트 리더십 특성 중, 공정성은 개인과 노인복지관별 차이를 거의 나타내지 않는 것으로 분석되었다.

3. 조직몰입의 분석

조사에 응한 종사자들의 조직몰입도는 동일시, 애착, 근속의지 등을 파악하기 위해 동일시 5문항, 애착 6문항, 근속 4문항에 대해 268명의 평균값과 표준편차 등을 비교하기 위한 기술통계 분석표는 <표 4-8>과 같다.

〈표 4-8〉 조직몰입도 영역별 기술통계 분석

n=268

변 수	평균(표준편차)
동일시	3.47(0.29)
애 착	3.60(0.55)
근속의지	3.21(0.50)
전체 조직몰입도	3.51(0.44)

전체 15문항에 대한 평균값은 3.51(sd=0.44)로 나타났다. 조직의 목적과 가치를 수용하려는 동일시 영역은 평균과 비슷한 3.47(sd=0.29)로 나타났으며, 조직의 목적을 위해 상당한 노력을 발휘하려는 의지인 애착 영역에서 전체 조직몰입 평균에 비해 높은 3.60(sd=0.55)으로 나타났으나 조직에 남아 있거나 이직을 희망하는 근속의지 영역은 비교적 낮은 3.21(sd=0.50)로 나타났다. 이는 노인복지관에 종사하는 직원이 기관에 대한 애착은 높은 반면 직원의 근속의지는 낮은 것으로 해석할 수 있다.

1) 조직몰입의 특성(동일시)

조사응답에 응한 268명의 사회복지사들의 조직몰입도 중 동일시를 묻는 5문항에 대한 표준편차 등을 비교하기 위한 기술통계 분석표는 <표 4-9>와 같다. 조직의 목적과 가치와 신념을 수용하려는 의지 등을 나타내는 동일시의 5문항에 대한 평균값은 3.40(sd=0.83)으로 나타났다.

〈표 4-9〉 조직몰입도 영역별 기술통계 분석(동일시)

n=268

변 수	평균(표준편차)
기관 충성심	3.70(0.72)
모든 일 기꺼이 할 자세	3.37(0.86)
나+기관가치 유사	3.24(0.81)
기관 장래의 지대한 관심	3.59(0.78)
직원관리방식 만족	3.13(0.97)
전체 동일시	3.40(0.83)

또한 동일시 순위는 기관에 대한 충성심, 기관의 개인 장래에 대한 지대한 관심, 조직을 위해 기꺼이 일할 준비, 개인과 기관과의 가치에 대한 유사성, 직원관리에 대한 만족 순으로 분석되었다.

2) 조직몰입의 특성(애착)

조사에 응한 268명의 사회복지사들의 조직몰입도 중 애착을 묻는 6문항에 대한 평균값과 표준편차 등을 비교하기 위한 기술통계 분석표는 <표 4-10>과 같다. 조직의 목적을 위해 상당한 노력을 발휘하려는 의지 등을 나타내는 애착의 4문항에 대한 평균값은 3.60(sd=0.72)으로 나타났다. 또한 애착 순위는 타 기관을 위한 헌신, 현 근무처의 입사에 대한 기쁨, 기관근무에 대한 자긍심, 직원을 위한 최선의 지원, 내 직장을 훌륭한 곳으로 여김, 성공을 위한 기대 이상의 노력 순으로 분석되었다.

<표 4-10> 조직몰입도 영역별 기술통계 분석(애착)

n=268

변 수	평균(표준편차)
성공 위한 기대 이상노력	3.45(0.61)
내 직장 훌륭한 곳이라 믿음	3.46(0.88)
기관근무 자랑스러움	3.63(0.75)
타 기관 위해서도 헌신	3.90(0.66)
최선 위한 직원지원	3.50(0.74)
입사 기쁨	3.68(0.69)
전체 애착	3.60(0.72)

3) 조직몰입의 특성(근속의지)

조사에 응한 268명의 사회복지사들의 조직몰입도 중 근속의지를 묻는 4문항에 대한 평균값과 표준편차 등을 비교하기 위한 기술통계 분석표는 <표 4-11>과 같다. 근속의지를 묻는 4문항에 대한 평균값은 3.25(sd=0.91)로 분석되었다. 또한 4문항 평균에 대한 순위는 근속함으로 얻어지는 이득, 이직을 희망 안 함, 현 근무처에 대한 만족도, 입사 후회 안 함 순으로 분석되었다.

<표 4-11> 조직몰입도 영역별 기술통계 분석(근속의지)

n=268

변 수	평균(표준편차)
이직 희망 안 함	3.26(1.00)
근속함에 이득	3.49(0.95)
현 근무처 만족	3.22(0.84)
입사후회 안 함	3.04(0.87)
전체 근속의지	3.25(0.91)

　조사응답자가 지각하는 서번트 리더십 특성인 진실성, 존중성, 공정성에 대해서 성별 간 즉, 남녀가 지각하는 차이에 대한 t-검정은 <표 4-12>와 같다.

<표 4-12> 사회복지사의 서번트 리더십 지각의 차이

n=268

변 수		빈 도	평 균	표준편차	t
진실성	남	116	3.92	0.59	7.502[**]
	여	152	3.38	0.59	
존중성	남	116	3.84	0.54	7.879[**]
	여	152	3.30	0.57	
공정성	남	116	3.90	0.51	8.195[**]
	여	152	3.35	0.58	
전 체	남	116	3.89	0.53	8.424[**]
	여	152	3.34	0.53	

*p < .05, **p < .005, p < .001

　<표 4-12>에서 나타나듯이 성별 간 지각하는 서번트 리더십에 대해서 유의미한 차이가 있는 것으로 나타났는데, 사회복지사들이 지각하는 노인복지관장의 서번트 리더십 특성인 진실성, 존중성, 공정

성에 대해서 남자가 여자 응답자에 비해 상대적으로 높게 평가하는 것으로 분석되었다. 즉, 여자 사회복지사의 경우 노인복지관장의 서번트 리더십 특성에 대해서 남자에 비해 부정적인 견해를 갖는 것으로 분석되었다. 이는 이론적 배경에서 Laub(1999)의 서번트 리더십 결정요인 중 성별요인과 관련되어 해석할 수 있다. 그리고 서번트 리더십을 개인 수준이 아닌, 조직 단위에서 측정하였다. 즉 남자의 경우 군대나 조직 내에서의 선후배 관계 등으로 인한 상하 간의 집단 및 조직에 대한 이해의 폭이 상대적으로 여자에 비해 크므로 기관장에 대한 서번트 리더십에 대해 긍정적이라 해석할 수 있다.

사회복지사들이 지각하는 서번트 리더십 특성인 진실성, 존중성, 공정성에 대해서 이직경험 여부에 따라 집단 간 지각하는 차이에 대한 t－검정은 <표 4－13>과 같다.

〈표 4－13〉 이직경험에 따른 서번트 리더십 차이

n＝268

변 수		빈 도	평 균	표준편차	t
진실성	유	120	3.70	0.76	1.930
	무	148	3.55	0.53	
존중성	유	120	3.58	0.70	0.927
	무	148	3.51	0.55	
공정성	유	120	3.60	0.71	0.274
	무	148	3.58	0.53	
전 체	유	120	3.62	0.69	1.161
	무	148	3.54	0.50	

*p〈.05, **p〈.005, p〈.001

<표 4－13>에서 분석되었듯이 이직경험이 있는 집단과 없는 집단과의 평균값의 차이에서 이직경험이 있는 집단이 노인복지관장의

서번트 리더십에 대해서 다소 긍정적으로 평가하고 있지만 통계적
으로 유의미한 차이로 분석되지 못했다. 본 연구자는 이직경험이
있는 경우 그렇지 않은 사회복지사들에 비해 유의미한 차이를 나타
내지 않을까 추론했으나, 이직을 한 후 사회복지사들이 지각하는
서번트 리더십이 이전기관보다도 낮아질 수 있음을 감안할 때 사회
복지사의 이직경험으로 인한 서번트 리더십 지각에 있어 영향을 미
치지는 못하는 것으로 해석할 수 있다.

사회복지사들이 지각한 서번트 리더십 특성 간 진실성, 존중성,
공정성에 대해서 노인복지관장과 동일한 종교를 가지고 있는 집단
과 무관한 집단 간의 지각한 차이에 대한 t-검정은 <표 4-14>와
같다.

<표 4-14>에서 분석되었듯이 동일종교 집단 간 지각하는 서번
트 리더십에 대해서 존중성(p=0.003)이 99% 신뢰구간에서 통계적
으로 유의미한 차이로 분석되었고, 공정성(p=0.015)에 대해서 95%
신뢰구간에서 유의미한 차이로 분석되었다.

〈표 4-14〉 기관장과 동일종교 여부에 따른 서번트 리더십 차이

n=268

변 수		빈 도	평 균	표준편차	t
진실성	동 일	160	3.66	0.63	1.514
	무 관	108	3.54	0.66	
존중성	동 일	160	3.63	0.613	3.024[**]
	무 관	108	3.40	0.607	
공정성	동 일	160	3.66	0.608	2.444[*]
	무 관	108	3.48	0.613	
전 체	동 일	160	3.65	0.59	2.464[*]
	무 관	108	3.47	0.58	

*p〈.05, **p〈.005, p〈.001

　　노인복지관장의 존중성에 대해서는 동일종교집단이 무관한 집단에 비해 상대적으로 높게 평가하는 것으로 분석되었고 노인복지관장의 공정성에 대해서도 동일한 종교집단이 무관한 집단에 비해 상대적으로 높게 평가하는 것으로 분석되었다. 노인복지관장과 동일한 종교를 가진 경우 그렇지 않은 집단에 비해 노인복지관장의 서번트 리더십 특성 영역 중, 존중성과 공정성에 대해서 긍정적으로 평가하는 것으로 해석할 수 있다.

　　조사응답자가 지각한 서번트 리더십 특성인 진실성, 존중성, 공정성에 대해서 본인의 직원채용 방법에 따른 집단(공개채용, 특별채용) 간 느끼는 차이에 대한 t-검정은 <표 4-15>와 같다. <표 4-15>에서 분석되었듯이 채용방법에 따라서 진실성(P=0.029)과 존중성(P=0.020) 영역에서 95% 신뢰구간에서 통계적으로 유의미한 차이로 분석되었다.

〈표 4-15〉 직원채용 방법에 따른 서번트 리더십 차이

n=268

변　수		빈　도	평　균	표준편차	t
진실성	공개채용	213	3.57	0.62	-2.20[*]
	특별채용	55	3.78	0.73	
존중성	공개채용	213	3.49	0.63	-2.34[*]
	특별채용	55	3.71	0.54	
공정성	공개채용	213	3.56	0.61	-1.25
	특별채용	55	3.68	0.62	
전　체	공개채용	213	3.54	0.58	-2.10[*]
	특별채용	55	3.73	0.61	

*p〈.05, **p〈.005, p〈.001

　　노인복지관장의 진실성에 대해서는 특별채용에 의해 임용된 사회

복지사가 공개채용에 의해 임용된 사회복지사에 비해 상대적으로 노인복지관장에 대해 상대적으로 긍정적인 인식을 갖는 것으로 나타났다. 또한 노인복지관장의 직원들에 대한 존중성에 대해 특별채용된 집단이 무관한 집단에 비해 노인복지관장의 존중성에 대해서 상대적으로 긍정적인 평가를 하는 것으로 분석되었다. 그리고 공개채용에 의한 집단이 특별채용에 의한 집단에 비해 노인복지관장의 공정성에 상대적으로 부정적인 인식을 갖는 것으로 분석되었지만 통계적으로 유의미한 차이가 나타나지 않았다.

다시 말하면 특별채용인 경우 지역사회자원 중 업무능력이 검증된 인력을 채용하는 경우도 있겠지만 단순히 인맥에 의해 채용된 사회복지사의 경우도 있기 때문에, 이와 같은 경우 서번트 리더십 지각이 높다고 단정 지어 해석할 수 없다.

268명의 설문에 응한 사회복지사들이 지각한 노인복지관장의 서번트 리더십 특성인 진실성, 존중성, 공정성을 연령을 범주화하여 평균값의 차이를 비교 분석한 one-way ANOVA분석은 <표 4-16>과 같다.

<표 4-16> 조사응답자의 연령에 따른 서번트 리더십 차이

n=268

변 수		빈 도	평 균	표준편차	F
진실성	25세 이하	38	3.39	0.48	
	26~35세 이하	187	3.60	0.58	6.147[**]
	36세 이상	43	3.94	0.77	
존중성	25세 이하	38	3.26	0.55	
	26~35세 이하	187	3.55	0.58	6.15[**]
	36세 이상	43	3.76	0.74	
공정성	25세 이하	38	3.47	0.42	
	26~35세 이하	187	3.58	0.6	5.54[**]
	36세 이상	43	3.79	0.77	

변 수		빈 도	평 균	표준편차	F
전 체	25세 이하	38	3.36	0.45	
	26~30세 이하	187	3.58	0.54	2.92[*]
	36세 이상	43	3.82	0.74	

*p < .05, **p < .005, p < .001

<표 4-16>에서 분석되었듯이 사회복지사가 지각한 노인복지관장의 서번트 리더십은 연령대에 따라 통계적으로 유의미한 차이로 분석되었다. 서번트 리더십 특성 중 노인복지관장의 진실성과 종사자에 대한 존중성 영역에서 Scheffe통계량으로 계산된 사후검정을 보면 99% 신뢰구간에서 통계적으로 유의미한 차이를 나타냈다.

노인복지관장의 공정성 영역에 대해서는 Scheffe통계량으로 계산된 사후검정을 보면 유의수준 0.05 이하에서 통계적으로 유의미한 차이로 분석되었는데, 이는 사회복지사의 연령이 높아질수록 노인복지관장의 공정성에 대해서 긍정적인 인식을 갖는 것으로 분석되었다. 이는 연령대가 높은 사회복지사들에 비해 연령대가 낮고 젊은 사회복지사일수록 노인복지관장의 리더십 특성에 대해서 상대적으로 부정적인 인식을 갖는 것으로 분석되었다. 또한 동일 집단군 분류에서 부분집합에서는 통계적으로 평균 차이(P = 0.062)가 없는 동일한 집단으로 분석되었다. 이는 이론적 배경에서 Laub(1999)의 서번트 리더십 결정요인 중 연령요인과 관련되어 설명될 수 있다. <표 4-17>을 통해 분석되었듯이 사회복지사의 직급이 높을수록, 그리고 노인복지관장에 가까워질수록 노인복지관장에 대한 인식 변화 및 이해의 폭이 넓어지듯이 직급이 높다는 것은 연령과 관련지어 해석할 수 있다. 사회복지사들이 지각한 노인복지관장의 서번트 리더십인 진실성, 존중성, 공정성을 직급별로 평균값의 차이를 비교 분석한 t-검정은 <표 4-17>과 같다.

　<표 4-17>에서 분석되었듯이 사회복지사가 지각한 노인복지관
장의 서번트 리더십은 직급에 따라 통계적으로 유의미한 차이로 분
석되었다. 서번트 리더십 특성 중 노인복지관장의 진실성과 종사자
에 대한 존중성 영역 및 공정성 영역에서는 99% 신뢰구간에서 통
계적으로 유의미한 차이로 분석되었는데, 직급이 높아질수록 노인
복지관장의 진실성과 존중성 및 공정성에 대해서 긍정적으로 평가
하는 것으로 해석할 수 있다. 이는 직급이 높은 사회복지사들에 비
해 직급이 낮은 사회복지사일수록 기관장의 리더십 특성에 대해서
상대적으로 부정적인 인식을 갖는 것으로도 해석할 수 있다. 이는
<표 4-16, 17>을 통해 분석하듯이 사회복지사의 연령과 직급이
높을수록, 그리고 노인복지관장에 가까워질수록 노인복지관장에 대
한 인식 변화 및 이해의 폭이 넓어진다고 해석될 수 있을 것이다.

〈표 4-17〉 조사응답자의 직급에 따른 서번트 리더십 차이

n = 268

변　수		빈　도	평　균	표준편차	F
진실성	평직원	172	3.48	0.66	
	과장(대리)	75	3.77	0.50	9.464**
	부장 이상	21	4.43	0.23	
존중성	평직원	172	3.38	0.62	
	과장(대리)	75	3.76	0.51	12.70**
	부장 이상	21	4.44	0.28	
공정성	평직원	172	3.44	0.58	
	과장(대리)	75	3.80	0.57	14.13**
	부장 이상	21	4.46	0.36	
전　체	평직원	172	3.43	0.58	
	과장(대리)	75	3.78	0.48	11.94**
	부장 이상	21	4.06	0.56	

*p < .05, **p < .005, p < .001

사회복지사들이 지각한 노인복지관장의 서번트 리더십인 진실성, 존중성, 공정성을 사회복지관련 경력을 범주화하여 집단 간 평균값의 차이를 비교 분석한 t-검정은 <표 4-18>과 같다.

<표 4-18>에서 분석되었듯이 사회복지사가 지각한 노인복지관장의 서번트 리더십은 사회복지종사 경력에 따라 통계적으로 유의미한 차이로 분석되었다. 서번트 리더십 특성 중 노인복지관장의 진실성과 종사자에 대한 존중성 영역 및 공정성 영역에서는 99% 신뢰구간에서 통계적으로 유의미한 차이로 분석되었다.

이는 사회복지관련 경력이 많을수록 노인복지관장의 진실성과 존중성 및 공정성에 대해서 긍정적으로 평가하는 것으로 해석할 수 있다. 이는 노인복지관장의 리더십 특성자체가 영향을 줄 수도 있겠지만 종사경력 자체가 관장의 리더십 특성 인식에 더 큰 영향을 미친다고 해석할 수 있다.

<표 4-18> 조사응답자의 사회복지관련 경력에 따른 서번트 리더십 차이

n=268

변 수		빈 도	평 균	표준편차	F
진실성	1년 미만	30	3.50	0.39	
	1~3년 미만	114	3.44	0.54	4.728[**]
	3년 이상	124	3.78	0.72	
존중성	1년 미만	30	3.37	0.52	
	1~3년 미만	114	3.41	0.60	4.725[**]
	3년 이상	124	3.65	0.61	
공정성	1년 미만	30	3.59	0.34	
	1~3년 미만	114	3.44	0.56	3.890[**]
	3년 이상	124	3.71	0.67	
전 체	1년 미만	30	3.48	0.39	
	1~3년 미만	114	3.43	0.53	4.680[**]
	3년 이상	124	3.71	0.64	

*p < .05, **p < .005, p < .001

　　사회복지사들이 지각한 노인복지관장의 서번트 리더십 특성을 현 기관의 근무경력을 범주화한 집단 간 평균값의 차이를 비교 분석한 t-검정은 <표 4-19>와 같다. <표 4-19>에서 분석되었듯이 사회복지사가 지각한 노인복지관장의 서번트 리더십은 현 복지관 종사 경력에 따라 통계적으로 유의미한 차이로 분석되지는 못했다. 이는 사회복지사가 지각한 서번트 리더십이 사회복지종사 경력에는 유의미한 차이로 분석되지만 현 노인복지관의 근무기간과는 리더십 인식에서 통계적으로 유의미한 차이로 분석되지는 않았다.

〈표 4-19〉 조사응답자의 현 기관근무경력에 따른 서번트 리더십 차이

n=268

변　수		빈　도	평　균	표준편차	F
진실성	1년 미만	63	3.58	0.60	
	1~3년 미만	149	3.56	0.65	1.990
	3년 이상	56	3.77	0.68	
존중성	1년 미만	63	3.53	0.60	
	1~3년 미만	149	3.58	0.62	2.206
	3년 이상	56	3.55	0.62	
공정성	1년 미만	63	3.56	0.52	
	1~3년 미만	149	3.64	0.60	0.680
	3년 이상	56	3.53	0.75	
전　체	1년 미만	63	3.55	0.54	
	1~3년 미만	149	3.59	0.59	0.963
	3년 이상	56	3.61	0.64	

*p〈.05, **p〈.005, p〈.001

　　사회복지사들이 본인이 지각한 노인복지관장의 서번트 리더십 특성이 노인복지관장과의 관계에 따른 집단 간 평균값의 차이를 비교 분석한 t-검정은 <표 4-20>과 같다.

<표 4-20>에서 분석하듯이 사회복지사가 지각한 노인복지관장의 서번트 리더십은 노인복지관장과의 학연에 의한 관계가 비학연에 의한 관계보다 서번트 리더십에 대해 다소 긍정적으로 평가하는 것으로 분석되었다. 하지만 통계적으로 유의미한 차이로 분석되지는 못했다.

<표 4-20> 조사응답자의 기관장과의 관계에 따른 서번트 리더십 차이

n=268

변 수		빈 도	평 균	표준편차	t
진실성	학 연	244	3.63	0.64	0.91
	비학연	24	3.50	0.74	
존중성	학 연	244	3.55	3.34	1.65
	비학연	24	0.62	0.59	
공정성	학 연	244	3.61	3.67	1.85
	비학연	24	0.61	0.63	
전 체	학 연	244	3.60	3.40	1.53
	비학연	24	0.59	0.63	

*p〈.05, **p〈.005, p〈.001

조사응답자의 조직몰입도에 대해서 성별 간 즉, 남녀가 지각하는 차이에 대한 t-검정은 <표 4-21>과 같다.

<표 4-21> 성별 및 이직경험에 따른 조직몰입도 차이

n=268

변 수		빈 도	평 균	표준편차	t
성 별	남	116	3.73	0.49	5.731**
	여	152	3.34	0.59	
이직경험	유	120	3.59	0.65	1.861
	무	148	3.45	0.53	

*p〈.05, **p〈.005, p〈.001

<표 4-21>에서 분석되었듯이 성별 간 나타난 조직몰입도는 남녀 간 통계적으로 유의미한 차이로 분석되었는데, 남자가 여자응답자에 비해 조직몰입도가 높은 것으로 분석되었다. <표 4-21>에서 나타난 바와 같이 남자가 여자에 비해 지각하는 서번트 리더십 특성에 대해서 긍정적으로 평가했으며, 또한 조직몰입도 또한 남자가 여자에 비해 높은 것으로 분석되었다. 사회복지사들의 조직몰입도가 이직경험이 있는 집단과 없는 집단 간의 지각한 차이를 두 집단 평균값을 통해 검증하는 t-검정은 이직경험이 있는 집단과 없는 집단과의 평균값의 차이에서 이직경험이 있는 집단의 조직몰입도가 다소 큰 것으로 나타나고 있지만 통계적으로 유의미한 차이로 분석되지는 못했다. 사회복지사들의 조직몰입도인 동일시, 애착, 근속의지 등에 대해서 노인복지관장과 동일한 종교를 가지고 있는 집단과 무관한 집단과의 차이 및 채용방식에 대한 t-검정은 <표 4-22>과 같다.

〈표 4-22〉 기관장과 동일종교 여부 및 채용방식에 따른 조직몰입도 차이

n=268

변　수		빈　도	평　균	표준편차	t
조직몰입	동　일	160	3.62	0.55	3.642**
	무　관	108	3.35	0.62	
조직몰입	공개채용	213	3.14	0.23	-1.81
	특별채용	55	3.21	0.18	

*p〈.05, **p〈.005, p〈.001

<표 4-22>에서 분석되었듯이 동일종교와 무관한 집단과의 조직몰입도(P=0.000)가 99% 신뢰구간에서 통계적으로 유의미한 차이로 분석되었다. 이는 노인복지관장과 동일종교를 가지고 있는 집단은 무관한 집단에 비해 조직몰입도가 상대적으로 높은 것으로 해석할 수 있다.

  사회복지사들의 조직몰입도인 동일시, 애착, 근속의지 등에 대해
서 직원채용 방법에 따른 공개채용 및 특별채용에 의한 집단 간
차이에 대한 t-검정에서는 특별채용에 의한 사회복지사가 공개채
용에 의한 사회복지사들에 비해 조직몰입도가 다소 높게 나왔지만
통계적으로 유의미한 차이로 분석되지는 못했다.

  앞의 <표 4-15>에서 직원채용 방법에 따른 서번트 리더십의 차
이에 대해서 통계적으로 유의미한 차이로 분석되지는 못했는데, 조
직몰입도 또한 유의도로 분석되지 못했다. 이는 직원들의 서번트
리더십 지각도나 조직몰입도는 채용과정보다는 기관에 근속하면서
노인복지관장을 통해서 지각되고 영향을 받는 것이 크다고 해석할
수 있다. 조사응답자 268명의 사회복지사가 본인이 속한 복지관의
조직에 대한 조직몰입도를 연령 및 직급, 경력을 범주화하여 평균
값의 차이를 비교 분석한 t-검정은 <표 4-23>와 같다.

〈표 4-23〉 연령 및 직급, 경력에 따른 조직몰입도 차이

n=268

	변 수	빈 도	평 균	표준편차	F
	25세 이하	38	3.25	0.57	
연 령	26~35세 이하	187	3.48	0.54	10.16[**]
	36세 이상	43	3.86	0.57	
	평직원	172	3.37	0.56	
직 급	과장(대리)	75	3.72	0.60	8.76[**]
	부장 이상	21	3.89	0.57	

*p < .05, **p < .005, p < .001

  <표 4-23>에서 분석되었듯이 연령과 조직몰입도 신뢰구간 99%
에서 통계적으로 유의미한 차이로 분석되었다. 연령대가 높으면 높
을수록 조직몰입도는 상대적으로 높다는 것으로 해석할 수 있다. 위

의 연구와 연관지어 볼 때, 사회복지사가 노인복지관장에 대한 서번트 리더십에 대해서 긍정적인 인식을 갖고 있을 때 조직몰입도 또한 높아질 수 있다는 것으로 해석할 수 있다. 본인이 속한 기관에 대한 조직몰입도를 직급별로 구분하여 평균값의 차이를 비교 분석한 t-검정에서는 직급과 조직몰입도는 신뢰구간 99%에서 통계적으로 유의미한 차이로 분석되었다. 직급이 높으면 높을수록 조직몰입도는 상대적으로 높다는 것으로 분석되었다. <표 4-16, 17>과 연관지어 볼 때 사회복지사가 연령과 직급이 높아지면 높아질수록 노인복지관장에 대한 서번트 리더십에 대해서 긍정적인 인식과 함께 조직몰입도 또한 높아진다는 것으로 해석할 수 있다. 본인이 속한 기관에 대한 조직몰입도를 사회복지관련 경력으로 구분하여 평균값의 차이를 비교 분석한 t-검정 값에서는 경력과 조직몰입도는 신뢰구간 95%에서 통계적으로 유의미한 차이로 분석되었다. <표 4-24>에서 분석되었듯이 사회복지 근무경력 5년을 기점으로 조직에 대한 몰입도가 커지는 것으로 분석되었다. 사회복지사들이 소속된 기관에 대한 조직몰입도를 현 기관근무경력과 기관장과의 관계를 범주화하여 평균값의 차이를 비교 분석한 t-검정은 <표 4-24>과 같다.

<표 4-24>에서 분석되었듯이 현 노인복지관 근무경력과 조직몰입도는 통계적으로 유의미한 차이로 분석되지 못했다. 위의 연구를 통해 알 수 있듯이 기관장의 서번트 리더십 특성에 대한 인식이 근무하고 있는 기관장이나 조직의 특수성이라기보다는 종사자의 사회복지관련 경력 자체에 더 큰 영향요인이 있는 것으로 해석할 수 있다.

전체 응답자 268명의 사회복지사들의 조직몰입도가 노인복지관장과의 관계 집단 간 평균값의 차이를 비교 분석한 t-검정에서는 노인복지관장과의 관계가 학연에 의한 사회복지사가 조직몰입도가

비학연관계에 비해 조직몰입도가 상대적으로 큰 것으로 나타났으며
95% 신뢰구간에서 통계적으로 유의미한 차이로 분석되었다.

〈표 4-24〉 현 기관근무경력과 노인복지관장과의 관계의 조직몰입도 차이

n=268

변 수		빈 도	평 균	표준편차	F / T
현 기관근무경력	1년 미만	63	3.42	0.57	
	1~3년 미만	149	3.56	0.55	2.642[*]
	3년 이상	56	3.56	0.65	
기관장과의 관계	학 연	244	3.47	0.58	-0.33[*]
	비학연	24	3.08	0.26	

*p 〈 .05, **p 〈 .005, p 〈 .001

<표 4-20>에서는 노인복지관장과의 관계와 서번트 리더십과는
유의한 차이로 분석되지 않은 반면, 조직몰입도에 있어 학연은 영
향을 미치는 것으로 분석되었다.

4. 조직몰입 영향요인 분석

1) 주요변수 간 상관관계

사회복지사들의 조직몰입의 결정요인 즉, 연령, 사회복지경력, 직
급, 근무기간, 최종학력과, 서번트 리더십의 특성인 진실성, 존중성,
공정성 등을 Pearson 상관관계를 통해 알아보기 위한 상관관계 분석
은 <표 4-25>와 같다. <표 4-25>는 조사응답자의 조직몰입에 대
한 각 주요 변인들에 대한 영향력을 알아보기 위하여 투입된 변인들

간의 상관관계 분석에서 <표 4-26>에서 회귀분석을 실시하였다.

먼저 사회복지경력과 관련하여 연령(r=0.661)과 1% 유의수준에 긍정적인 상관관계를 나타냈다. 이는 사회복지경력이 많을수록 상대적으로 연령이 높다는 것으로 해석할 수 있다. 직급과 관련하여 연령(r=0.732)과 사회복지경력(r=0.717) 1% 유의수준에서 긍정적인 상관관계로 분석되었다. 이는 직급이 높을수록 상대적으로 연령도 높다는 것을 의미하며, 또한 사회복지 경력 또한 많다는 것으로 해석할 수 있다. 근무기간과 관련하여 연령(r=0.557)과 사회복지경력 (r=0.559) 그리고 직급(r=0.484) 1% 유의수준에서 긍정적인 상관관계로 분석되었다.

이는 현 노인복지관에서의 근무기간이 오래되면 오래될수록 상대적으로 연령도 높다는 것을 의미하며, 또한 사회복지 경력과 더불어 직급도 상대적으로 높다는 것으로 해석할 수 있다.

최종학력과 관련하여 사회복지경력(r=0.155) 5% 유의수준에서, 그리고 직급(r=0.183) 1% 유의수준에서 긍정적인 상관관계를 나타냈다. 이는 사회복지사의 최종학력이 높으면 높을수록 상대적으로 사회복지 경력과 더불어 직급도 상대적으로 높은 것으로 해석할 수 있다.

서번트 리더십 특성 중 진실성과 관련하여 연령(r=0.238)과 사회복지경력(r=0.253) 그리고 직급(r=0.311)과 최종학력(r=0.265) 1% 유의수준에서 긍정적인 상관관계를 나타냈으며 근무기간(r=0.147) 5% 유의수준에서 긍정적인 상관관계를 갖는 것으로 나타났다. 이는 노인복지관장의 진실성에 대해서 사회복지사의 연령과 사회복지 경력, 직급, 근무기간 및 최종학력이 높을수록 상대적으로 긍정적인 평가를 하는 것으로 해석할 수 있다.

서번트 리더십 특성 중 존중성과 관련하여 연령(r=0.219)과 사회복지경력(r=0.257) 그리고 직급(r=0.303)과 최종학력(r=0.287) 1% 유의수준에서 긍정적인 상관관계로 분석되었다. 이는 노인복지관장이 사회복지사들에 대한 존중성은 사회복지사의 연령과 사회복지경력, 직급, 최종학력이 높을수록 상대적으로 긍정적인 평가를 하는 것으로 해석할 수 있다.

서번트 리더십 특성 중 공정성과 관련하여 연령(r=0.175)과 사회복지경력(r=0.218) 그리고 직급(r=0.314)과 최종학력(r=0.278) 1% 유의수준에서 긍정적인 상관관계로 분석되었다. 이는 노인복지관장의 공정성에 대해서 사회복지사의 연령과 사회복지경력, 직급, 최종학력이 높을수록 상대적으로 긍정적인 평가를 하는 것으로 해석할 수 있다.

사회복지사의 조직몰입과 관련하여 연령(r=0.303)과 사회복지경력(r=0.201) 그리고 직급(r=0.306)과 최종학력(r=0.259) 1% 유의수준에서 긍정적인 상관관계로 분석되었다. 이는 사회복지사의 조직몰입도는 사회복지사의 연령과 사회복지경력, 직급, 최종학력이 높을수록 상대적으로 긍정적인 평가를 하는 것으로 해석할 수 있다.

<표 4-25> 주요변수 간 상관관계 분석

	1	2	3	4	5	6	7	8
1. 경력	.661**							
2. 직급	.732**	.717**						
3. 근무기간	.557**	.559**	.484**					
4. 학력	.110	.155*	.183**	−.016				
5. 진실성	.238**	.253**	.311**	.147*	.265**			
6. 존중성	.219**	.257**	.303**	.080	.287**	.811**		
7. 공정성	.175**	.218**	.314**	.023	.278**	.809**	.892**	
8. 조직몰입	.303**	.201**	.306**	.101	.259**	.694**	.850**	.811**

*p < .05, **p < .005

2) 조직몰입에 영향을 미치는 요인

<표 4-26>은 통제변수 즉, 연령, 사회복지경력, 직급, 근무기간, 최종학력과 서번트 리더십 특성인 진실성, 존중성, 공정성이 사회복지사의 조직몰입영역 중 동일시에 대한 상관관계를 분석하기 위한 회귀 분석한 표이다. <모델1>은 268명의 조사응답자의 조직몰입도 영역 중 동일시를 종속변수로 하여, 통제변수 즉, 종사자의 성별, 연령, 경력, 직급, 근무기간, 최종학력 등을 투입 분석한 결과, 성별(β=-0.260 P=0.000)이 부정적인 유의미한 상관관계로 분석되고, 최종학력(β=0.189 P=0.001) 등이 긍정적인 유의미한 상관관계로 분석되었다. 이는 여자 사회복지사가 남자 사회복지사에 비해 상대적으로 조직의 신념과 가치를 개인과 동일시하는 정도가 낮은 것으로 나타났으며, 사회복지사의 최종학력이 높으면 높을수록 동일의 경향이 상대적으로 큰 것으로 해석될 수 있다. 또한 설명력이 0.213으로 분석되었는데, 이는 종사자들의 조직몰입에 있어 종사자들의 통제변인 즉 성별, 연령, 경력, 직급, 타 직종 종사여부, 근무기간, 최종학력 등이 조직몰입의 동일시 정도가 21% 증가했다고 해석할 수 있다. <모델2>는 조직몰입영역 중 동일시를 종속변수로 하여, 통제변수인 노인복지관 종사자의 연령, 경력, 직급, 근무기간, 최종학력과 독립변수인 서번트 리더십 특성인 진실성, 존중성, 공정성을 통합적으로 투입 분석한 결과, 연령(β=0.183 P=0.000), 경력(β=0.131 P=0.006), 존중성(β=0.770 P=0.000) 등에 대해서 긍정적인 유의미한 상관관계로 분석되었다. 또한 설명력이 0.774로 분석되었는데 이는 노인복지관의 조직몰입에 있어 노인복지관 통제변인 성별, 연령, 경력, 직급, 타 직종 종사여부, 근무기간, 최종학력 등과 독립변인 존중성, 진실성, 공정성 등이 조직몰입의 동일시 정도가 77%(증가)로 해석할 수 있다.

〈표 4-26〉 조사응답자의 조직몰입도(동일시) 영향요인 회귀분석

n=268

변 수		모델1		모델2	
		β	SE	β	SE
일반적 사항	성 별[1]	-0.260**	0.089	0.068	0.052
	연 령	0.091	0.008	0.183**	0.004
	경 력	-0.049	0.001	0.131**	0.001
	직 급	0.156	0.059	0.044	0.033
	타 직종 종사여부	-0.054	0.082	-0.010	0.045
	근무기간	-0.037	0.002	-0.042	0.001
	학 력	0.189**	0.041	0.024	0.023
서번트 리더십	진실성			-0.006	0.060
	존중성			0.770**	0.079
	공정성			0.121	0.082
R		0.461		0.880	
R^2		0.213		0.774	
F값 유의도		0.000		0.000	

$*p < .05, **p < .005, p < .001$

<표 4-27>은 통제변수 즉, 연령, 사회복지경력, 직급, 근무기간, 최종학력과 서번트 리더십 특성인 진실성, 존중성, 공정성이 사회복지사의 조직몰입영역 중 애착에 대한 상관관계를 분석하기 위한 회귀 분석한 표이다. <모델1>은 268명의 조사응답자의 조직몰입도영역 중 애착을 종속변수로 하여, 통제변수 즉, 종사자의 성별, 연령, 경력, 직급, 근무기간, 최종학력 등을 투입 분석한 결과, 성별(β=-0.236 P=0.000)이 부정적인 유의미한 상관관계로 분석되고, 최종학력(β=0.148 P=0.013) 등이 긍정적인 유의미한 상관관계로 분석

---

1) 통제변수 중 성별(남자=0, 여자=1)과 타 직종 종사여부(있다=0, 없음=1)에 대한 변수를 dummy 변수로 변환하여 투입하였다.

되었다. 이는 여자 사회복지사가 남자 사회복지사에 비해 상대적으로 조직이나 기관에 대해 기술과 노력을 발휘하려는 의지인 애착 정도가 낮은 것으로 나타났으며, 사회복지사의 최종학력이 높으면 높을수록 조직에 대한 애착 정도가 큰 것으로 해석될 수 있다. 또한 설명력이 0.170으로 분석되었는데, 이는 종사자들의 조직몰입에 있어 종사자들의 통제변인 즉 성별, 연령, 경력, 직급, 타 직종 종사여부, 근무기간, 최종학력 등이 조직몰입의 애착 정도가 17%가 증가했다고 해석할 수 있다.

〈표 4-27〉 조사응답자의 조직몰입도(애착) 영향요인 회귀분석

n=268

변 수		모델1		모델2	
		β	SE	β	SE
일반적 사항	성 별[2]	-0.236**	0.072	-0.092*	0.044
	연 령	0.180	0.007	0.298**	0.004
	경 력	-0.123	0.001	0.197**	0.001
	직 급	0.091	0.049	-0.070	0.028
	타 직종 종사여부	-0.062	0.067	-0.038	0.038
	근무기간	0.016	0.002	0.046	0.001
	학 력	0.148*	0.033	-0.015	0.019
서번트 리더십	진실성			-0.131*	0.051*
	존중성			0.485**	0.068**
	공정성			0.531**	0.070**
R		0.412		0.859	
R^2		0.170		0.738	
F값 유의도		0.000		0.000	

*p < .05, **p < .005, p < .001

2) 통제변수 중 성별(남자=0, 여자=1)과 타 직종 종사여부(있다=0, 없음=1)

<모델2>는 조직몰입영역 중 동일시를 종속변수로 하여, 통제변수인 노인복지관 종사자의 연령, 경력, 직급, 근무기간, 최종학력과 독립변수인 서번트 리더십 특성인 진실성, 존중성, 공정성을 통합적으로 투입 분석한 결과, 연령(β=0.298 P=0.000), 경력(β=0.197 P=0.000), 진실성(β=0.131 P=0.030), 존중성(β=0.485 P=0.000), 공정성(β=0.531 P=0.000) 등에 대해서 긍정적인 유의미한 상관관계로 분석되었고 성별(β=0.092 P=0.020) 등에 대해서 부정적인 유의미한 상관관계로 분석되었다. 또한 설명력이 0.738로 분석되었는데 이는 노인복지관의 조직몰입에 있어 노인복지관 통제변인 성별, 연령, 경력, 직급, 타 직종 종사여부, 근무기간, 최종학력 등과 독립변인 존중성, 진실성, 공정성 등이 조직몰입의 애착 정도가 74%(증가)로 해석할 수 있다.

<표 4-28>은 통제변수 즉, 연령, 사회복지경력, 직급, 근무기간, 최종학력과 서번트 리더십 특성인 진실성, 존중성, 공정성이 사회복지사의 조직몰입 영역 중 근속의지에 대한 상관관계를 분석하기 위해 회귀 분석한 표이다. <모델1>은 268명의 조사응답자의 조직몰입도 영역 중 근속의지를 종속변수로 하여, 통제변수 즉, 종사자의 성별, 연령, 경력, 직급, 근무기간, 최종학력 등을 투입 분석한 결과, 타 직종 종사여부(β=−0.188 P=0.002)가 부정적인 유의미한 상관관계로 분석되고, 최종학력(β=0.178 P=0.003) 등이 긍정적인 유의미한 상관관계로 분석되었다. 이는 타 직종에 종사했던 경험이 있는 사회복지사가 타 직종에 대한 경험이 없는 사회복지사에 비해 상대적으로 지금 근무하고 있는 조직이나 기관에 대해 남아 있으려고 하는 근속의지 정도가 높은 것으로 나타났으며, 사회복지사의 최종학력이 높으면 높을수록 조직에 대한 근속의지가 큰 것으로 해석될 수 있다.

에 대한 변수를 dummy 변수로 변환하여 투입하였다.

〈표 4-28〉 조사응답자의 조직몰입도(근속의지) 영향요인 회귀분석

n=268

변 수		모델1		모델2	
		β	SE	β	SE
일반적 사항	성 별[3]	-0.025	0.106	-0.199**	0.093
	연 령	0.169	0.010	0.242**	0.008
	경 력	-0.099	0.002	0.159*	0.001
	직 급	0.161	0.071	0.064	0.059
	타 직종 종사여부	-0.188**	0.097	-0.174**	0.081
	근무기간	0.015	0.002	0.038	0.002
	학 력	0.178**	0.049	0.064	0.041
서번트 리더십	진실성			0.158	0.108
	존중성			0.493**	0.143
	공정성			0.270*	0.147
R		0.409		0.585	
R^2		0.167		0.343	
F값 유의도		0.000		0.000	

*p〈.05, **p〈.005, p〈.001

또한 설명력이 0.167로 분석되었는데, 이는 종사자들의 조직몰입에 있어 종사자들의 통제변인 즉 성별, 연령, 경력, 직급, 타 직종 종사여부, 근무기간, 최종학력 등이 조직몰입의 근속 정도에 17%가 증가했다고 해석할 수 있다. <모델2>는 조직몰입 영역 중 근속의지를 종속변수로 하여, 통제변수인 노인복지관 종사자의 연령, 경력, 직급, 근무기간, 최종학력과 독립변수인 서번트 리더십 특성인 진실성, 존중성, 공정성을 통합적으로 투입 분석한 결과, 연령(β=0.242 P=0.002), 경력(β=0.159 P=0.031), 진실성(β=0.158 P=0.040), 존

---

3) 통제변수 중 성별(남자=0, 여자=1)과 타 직종 종사여부(있다=0, 없음=1)에 대한 변수를 dummy 변수로 변환하여 투입하였다.

중성(β=0.493 P=0.000), 공정성(β=0.270 P=0.017) 등에 대해서 긍정적인 유의미한 상관관계로 분석되었고 성별(β=0.092 P=0.001), 타 직종 종사여부(β=0.174 P=0.001) 등에 대해서 부정적인 유의미한 상관관계로 분석되었다. 또한 설명력이 0.343으로 분석되었는데 이는 노인복지관의 조직몰입에 있어 노인복지관 통제변인 성별, 연령, 경력, 직급, 타 직종 종사여부, 근무기간, 최종학력 등과 독립변인 존중성, 진실성, 공정성 등이 조직몰입의 근속의지가 34% 정도(증가)로 해석할 수 있다.

<표 4-26, 27, 28>에서 분석되듯이 노인복지관장의 서번트 리더십에 따른 조직몰입 정도에 있어 동일시, 애착, 근속의지 중 기관의 조직이나 가치, 신념을 개별 사회복지사들의 개인의 신념과 가치와 부합되는 동일시 정도(R^2=0.774)가 조직에 대한 애착(R^2=0.738)이나 근속의지(R^2=0.343)보다 서번트 리더십에 대한 인지 정도가 가장 높은 것으로 나타났다.

<표 4-29>는 사회복지사의 조직몰입도에 영향을 주는 통제변수 즉, 연령, 사회복지경력, 직급, 근무기간, 최종학력과 서번트 리더십 특성인 진실성, 존중성, 공정성 그리고 복지관 서번트 리더십에 대해서 회귀 분석한 표이다.

<모델1>은 268명의 조사응답자의 조직몰입도를 종속변수로 하여, 통제변수 즉, 종사자의 성별, 연령, 경력, 직급, 근무기간, 최종학력 등을 투입 분석한 결과, 성별(β=-0.209 P=0.002), 사회복지경력(β=-0.091 P=0.401), 근무기간(β=-0.006 P=0.592) 등이 부정적인 관계로 분석되고, 연령(β=0.154 P=0.234), 직급(β=0.129 P=0.192), 타 직종 종사여부(β=0.044 P=0.474), 최종학력(β=0.099 P=0.153), 채용방법(β=0.002 P=0.182), 기관장과의 관계(β=0.129 P=0.032) 등이 긍정적인 관계로 분석되었다.

  통제변인 중 성별이 부정적인 유의도로 분석되었는데 이는 여자 종사자가 남자종사자에 비해 상대적으로 조직몰입도가 낮은 것으로 해석할 수 있다. 그리고 기관장과의 관계에 있어 친인척에 의한 관계보다 비친인척에 의한 기관장과의 관계의 사회복지사의 조직몰입도가 상대적으로 높은 것으로 나타났다. 또한 전체 변수의 설명력이 0.147로 분석되었는데, 이는 종사자들의 조직몰입에 있어 종사자들의 통제변인 즉 성별, 연령, 경력, 직급, 타 직종 종사여부, 근무기간, 최종학력, 채용방법, 기관장과의 관계 등이 조직몰입의 15% 정도가 증가했다고 해석할 수 있다.

  <모델2>는 사회복지사의 조직몰입도를 종속변수로 하여, 통제변수인 연령, 경력, 직급, 근무기간, 최종학력과 독립변수인 서번트 리더십 특성인 진실성, 존중성, 공정성을 통합적으로 투입 분석한 결과, 경력($\beta = -0.126$ $P = 0.096$), 최종학력($\beta = -0.034$ $P = 0.506$)에 대해서 부정적인 관계로 분석되었고, 성별($\beta = 0.037$ $P = 0.530$), 연령($\beta = 0.190$ $P = 0.017$), 직급($\beta = 0.033$ $P = 0.687$), 근무기간($\beta = 0.030$ $P = 0.646$), 타 직종 종사여부($\beta = 0.084$ $P = 0.106$), 채용방법($\beta = 0.024$ $P = 0.072$), 기관장과의 관계($\beta = 0.053$ $P = 0.286$), 서번트 리더십($\beta = 0.288$ $P = 0.002$) 등에 대해서 긍정적인 관계로 분석되었다.

  통제변인 중 종사자의 연령이 부정적인 유의도로 분석되었는데 이는 연령이 많은 종사자가 상대적으로 낮은 종사자에 비해 조직몰입도가 높은 것으로 해석할 수 있다. 이는 연령이 낮은 종사자일수록 상대적으로 조직몰입도가 낮을 것을 의미한다. 또한 독립변인 즉 서번트 리더십에 대해 진실성($\beta = 0.218$ $P = 0.000$), 존중성($\beta = 0.312$ $P = 0.000$), 공정성($\beta = 0.299$ $P = 0.00$)이 긍정적인 유의도로 분석되었는데, 이는 종사자가 지각한 노인복지관장의 서번트 리더십이 높다고 지각하는 종사자는 상대적으로 조직몰입도 또한 높다고 해석할 수 있다.

〈표 4-29〉 조사응답자의 조직몰입도 영향요인 회귀분석

n=268

변 수		모델1		모델2		모델3	
		β	SE	β	SE	β	SE
일반적 사항	성 별4)	-0.209^{**}	0.030	0.037	0.026	-0.087	0.036
	연 령	0.154	0.003	0.190^{*}	0.002	0.025	0.003
	경 력	-0.091	0.000	-0.126	0.000	0.099	0.001
	직 급	0.129	0.020	0.033	0.017	-0.038	0.022
	타 직종 종사여부	0.044	0.027	0.084	0.023	0.037	0.029
	근무기간	-0.006	0.001	0.030	0.001	-0.047	0.001
	학 력	0.099	0.014	-0.034	0.011	0.064	0.031
	채용방법5)	0.002	0.037	0.024	0.031	0.184^{*}	0.037
	기관장과의 관계6)	0.129^{*}	0.077	0.053	0.023	0.213^{**}	0.033
서번트 리더십	진실성			0.218^{**}	0.020		
	존중성			0.312^{**}	0.061		
	공정성			0.299^{**}	0.056		
복지관 서번트 리더십						0.278 0.322 0.301 $(M0.300)^{**}$	0.037
R		0.384		0.649		0.677	
R^2		0.147		0.419		0.449	
F값 유의도		0.000		0.000		0.000	

$^*p \langle .05,$ $^{**}p \langle .005,$ $p \langle .001$

---

4) 통제변수 중 성별(남자=0, 여자=1)과 타 직종 종사여부(있다=0, 없다=1)에 대한 변수를 dummy 변수로 변환하여 투입하였다.
5) 통제변수 중 채용방법(공개채용=0, 특별채용=1)에 대한 변수를 dummy 변수로 변환하여 투입하였다.
6) 통제변수 중 기관장과의 관계(친인척=0, 비친인척=1)에 대한 변수를 dummy 변수로 변환하여 투입하였다

또한 설명력이 0.419로 나타났는데, 이는 종사자들의 조직몰입에 있어 종사자들의 통제변인 성별, 연령, 경력, 직급, 타 직종 종사여부, 근무기간, 최종학력 등과 독립변인 존중성, 진실성, 공정성 등이 조직몰입의 42% 정도(증가)로 설명할 수 있다는 것으로 해석할 수 있다.

<모델3>은 사회복지사의 조직몰입도에 영향을 주는 통제변수 즉, 연령, 사회복지경력, 직급, 근무기간, 최종학력과 95개 복지관 별 서번트 리더십 특성인 진실성, 존중성, 공정성에 대해서 회귀 분석한 표이다. 조사응답자의 조직몰입도를 종속변수로 하여, 통제변수인 노인복지관 종사자의 연령, 경력, 직급, 근무기간, 최종학력과 독립변수인 95개 복지관의 서번트 리더십 특성인 진실성, 존중성, 공정성을 통합적으로 투입 분석한 결과, 성별($\beta = -0.087$ $P = 0.530$), 직급($\beta = -0.038$ $P = 0.687$), 근무기간($\beta = -0.047$ $P = 0.646$)에 대해서 부정적인 관계로 분석되었고, 연령($\beta = 0.025$ $P = 0.017$), 경력($\beta = 0.099$ $P = 0.096$), 타 직종 종사여부($\beta = 0.037$ $P = 0.106$), 최종학력($\beta = 0.064$ $P = 0.506$), 채용방법($\beta = 0.184$ $P = 0.024$), 기관장과의 관계($\beta = 0.213$ $P = 0.001$), 95개 복지관 서번트 리더십 특성, 즉 진실성($\beta = 0.278$ $P = 0.007$), 존중성($\beta = 0.322$ $P = 0.002$), 공정성($\beta = 0.301$, $P = 0.001$)은 긍정적인 유의도로 분석되었는데, 이는 서번트 리더십이 높게 나타난 노인복지관은 조직몰입도 또한 상대적으로 높게 나타난 것으로 해석할 수 있다. 또한 설명력이 0.449로 분석되었는데 이는 노인복지관의 조직몰입에 있어 노인복지관 통제변인 성별, 연령, 경력, 직급, 타 직종 종사여부, 근무기간, 최종학력 등과 독립변인 존중성, 진실성, 공정성 등이 조직몰입의 45% 정도로 해석할 수 있다. <표 4-26>의 <모델1>을 통해 분석되었듯이 268명 조사응답자에 대한 개별적 통제변인은 F값의 유의도를 나타냈지만, 95개 복지

관을 통한 조직몰입도는 F값의 유의도로 분석되지 못했다. 하지만 <모델2>에서는 268명 조사응답자 개별 서번트 리더십에 대한 조직몰입이 영향요인보다, 95개 복지관을 통한 서번트 리더십의 조직몰입이 영향요인이 더 큰 것으로 분석되었다. <모델1>과 <모델2>을 비교해 보았을 때 개인응답자에 대한 조직몰입에 대해서 성별과 연령에 대해서는 통계적으로 유의미한 차이를 나타냈는데, 노인복지관별 조직몰입도 영향요인은 분석되지 않았다. 하지만 서번트 리더십에 대한 조직몰입도는 서번트 리더십 특성 즉 진실성, 존중성, 공정성의 개입에 있어서 노인복지관 영역이 통계적으로 유의미한 영향요인이 더 큰 것으로 분석되었는데, 여기서 주목할 부분은 개인 영역보다는 노인복지관에 대한 조직몰입도 설명력이 더욱 큰 것으로 분석된 것이다. 이를 분석하면 노인복지관이 지각하는 서번트 리더십 특성이 조직몰입도에 큰 영향을 미친다고 해석할 수 있다. 그만큼 사회복지사들의 조직몰입을 위한 조직 환경이 그만큼 중요하다고 설명될 수 있다고 해석할 수 있다. 이는 개인적으로 지각하는 서번트 리더십 특성이 조직몰입에 영향을 미치지만, 노인복지관장의 서번트 리더십에 의한 복지관 환경이 사회복지사의 조직몰입도의 결정요인이 된다고 할 수 있다. 이런 맥락에서 노인복지관장의 리더십이 노인복지관에서 근무하는 환경에 얼마나 큰 영향을 미치는가를 알려주는 것이라고 해석할 수 있다.

Part 5 결론 및 제언

1. 연구결과의 요약 및 논의

본 연구에서는 서번트 리더십이 기존의 연구들이 보여주었던 전통적 리더십과는 차이가 있을 것이며 서번트 리더십의 수준에 따라서 사회복지사들의 조직몰입에 영향을 미친다고 하는 문제제기에서 출발하였다. 즉 서번트 리더십이 사회복지사들의 조직몰입에 유의적인 영향을 미친다 할지라도 서번트 리더십의 구성요소들 사이에 차이가 존재할 것이라는 의문을 제기한 것이다.

본 연구는 노인복지관장의 서번트 리더십 수준과 특성을 파악하고 노인복지관장의 서번트 리더십 수준이 사회복지사의 조직몰입에 어떤 관계가 있는지를 파악했으며, 서번트 리더십의 행동 특성 중 노인복지관장과 사회복지사의 조직몰입에 가장 크게 영향을 미치는 요인이 무엇인지를 파악하는 데에 목적을 두고 연구하였다. 이러한 목적을 위하여 설정한 연구문제는 다섯 가지이다. 첫째, 사회복지사들이 지각하는 노인복지관장의 서번트 리더십 수준은 어떠한가? 둘째, 사회복지사들의 개인 및 조직적 요인에 따라 지각하는 노인복지관장의 서번트 리더십은 어떤 관계가 있는가? 셋째, 사회복지사들의 개인 및 조직적 요인에 따른 사회복지사들의 조직몰입도는 어떤 관계가 있는가? 넷째, 사회복지사들이 지각하는 노인복지관장의 서번트 리더십 수준과 사회복지사와의 조직몰입은 어떤 관계가 있는가? 다섯째, 사회복지사들이 지각하는 노인복지관장의 서번트 리더십 행동 특성 중 사회복지사의 조직몰입에 가장 큰 영향을 미치는 요인은 무엇인가?

이상의 연구목적과 연구문제를 달성하기 위하여 연구문제1에서는 우선 문헌고찰과 기존의 서번트 리더십과 관련된 국내외 척도를 분석하고 서번트 리더십 관련사례의 표집, 전문가의 내용타당도 과정, 그리고 영향변인 간 차이검증과 요인분석 과정을 거쳤다. 연구문제2에서는 조직몰입에 대한 문헌고찰과 함께 사회복지사의 조직몰입과 관련된 국내외 선행연구에 대한 문헌을 수집하고 영향변인 간 차이검증을 실시하였다. 또한 연구문제1과 관련하여 검증된 서번트 리더십 측정도구를 이용하여 사회복지사의 조직몰입 간 상관관계 분석 및 요인분석을 실시하였다. 연구문제3.4에서는 사회복지사들의 조직몰입도와 지각하는 서번트 리더십의 영향을 미치는 일반 및 조직 환경적 특성에 따른 사회복지사들의 조직몰입도의 상관관계를 분석하기 위해 조사응답자의 인구사회학적 특성 및 조직 환경 요인 등에 대해서 문헌고찰 및 양적 조사에 의해 선행 연구된 논문이나 학술자료 등을 인용하여 연구 자료에 부합하게 재편집하였다. 연구문제5에서는 서번트 리더십 개념 및 측정모형에 의해 개발한 서번트 리더십 측정도구에 의하여 신뢰도를 측정하여 타당도를 검증하고 이를 통해 얻어진 서번트 리더십 수준 및 영역이 사회복지사의 조직몰입에 영향을 미치는 결정요인을 분석하기 위하여 영향변인에 대한 차이검증 및 요인분석을 실시하였다.

연구문제1은 개념 및 측정모형에 의해 개발한 서번트 리더십 측정도구에 의해 사회복지사들이 지각하는 노인복지관장의 서번트 리더십 수준은 Likert(5점척도) 3.58로 분석되었다. 노인복지관장의 서번트 리더십 하위영역 중, 공정성 영역이 전체 평균(3.59)과 비슷하게 분석되었으며, 노인복지관장의 진실성(3.62)에 대해서는 다소 높게 지각하고 있는 것으로 분석되었다. 하지만 노인복지관장의 사회복지사에 대한 존중성은 상대적으로 다른 서번트 리더십 수준보다 다소 낮게 지각되고 있는 것으로 분석되었다. 이는 노인복지관 종사자들이 지각하는 노인복지관장과의 커뮤니케이션 역량, 업무추진 및 비전추구 능력, 성실성 등의 진실성에 대해서는 긍정적으로 지각하고 있는 반면, 노인복지관장으로부터 존중받고 있고, 개인적 성장을 위한 지원 및 협조 등에 대한 존중감은 상대적으로 부정적으로 지각하는 것으로 분석되었다. 연구문제2에서 사회복지사들의 일반 및 조직 환경적 특성에 따라 지각하는 노인복지관장의 서번트 리더십의 관계에 대한 결과는 다음과 같다. 먼저 성별에 따른 서번트 리더십 지각의 차이는 남자가 여자에 비해 전체적인 서번트 리더십에 대한 지각수준($P < 0.01$)이 높은 것으로 나타났다. 연령에 따른 차이는 연령이 높아질수록 서번트 리더십에 대한 지각수준($P < 0.05$)이 높은 것으로 나타났다. 직급과 경력에 따른 차이는 직급과 경력이 많을수록 서번트 리더십에 대한 지각수준($P < 0.01$)이 높은 것으로 나타났다. 동일종교 여부에 따른 차이는 관장과 동일한 종교를 가진 경우 서번트 리더십에 대한 지각수준($P < 0.05$)이 비동일종교 관장 관계보다 높은 것으로 나타났다. 직원채용 방법에 따른 차이는 특별 채용에 의한 사회복지사가 공개 채용된 사회복지사보다 서번트 리더십에 대한 지각수준($P < 0.05$)이 높은 것으로 나타났다. 반면에 사회복지사의 이직경험이나 관장과의 관계(학연, 비학연)에 대한 서번트 리더십은 통계적으로 유의미한 상관관계를 나타내지 못했다.

연구문제3에서 사회복지사들의 일반 및 조직 환경적 특성에 따른 사회복지사들의 조직몰입의 관계에 대한 결과는 다음과 같다. 먼저 성별에 따른 조직몰입의 차이는 남자가 여자에 비해 조직몰입도($P < 0.01$)가 높은 것으로 나타났다. 연령에 따른 조직몰입도 차이

는 사회복지사의 연령(P<0.01)이 올라갈수록 높은 것으로 나타났다. 직급과 경력에 따른 차이는 직급과 경력이 많을수록 조직몰입도 수준(직급: P<0.01, 경력: P<0.05)이 높은 것으로 나타났다. 동일종교 여부에 따른 차이는 노인복지관장과의 종교가 같은 사회복지사가 비동일종교관계의 사회복지사보다 조직몰입수준(P<0.01)이 높은 것으로 나타났다. 노인복지관장과의 관계에 따른 조직몰입 차이는 노인복지관장과의 학연에 의한 관계를 갖는 사회복지사가 비학연관계 사회복지사보다 조직몰입수준(P<0.05)이 높은 것으로 나타났다. 반면에 사회복지사의 이직경험이나 직원채용 방법에 대한 조직몰입수준은 통계적으로 유의미한 상관관계를 나타내지 못했다. 연구문제2, 3에서 나타난 바와 같이 이직경험은 사회복지사들이 지각하는 서번트 리더십이나 조직몰입도에 직접적인 영향을 미치지는 않는 것으로 나타냈으며 기관장과의 관계(학연, 비학연)는 서번트 리더십에 영향을 미치지는 못하였고, 조직몰입도에는 영향을 미치는 것으로 나타났다. 또한 직원채용 방법은 조직몰입도에는 영향을 미치지는 않는 것으로 나타났지만 서번트 리더십에는 결정요인이 되는 것으로 나타났다.

연구문제4에서 사회복지사들의 조직몰입 수준은 Likert(5점척도) 3.51로 분석되었다. 사회복지사의 조직몰입도 영역 중에서 조직의 목적과 가치와 신념을 수용하려는 의지 등을 개인과 일치화하려는 동일시 영역이 전체 평균과 비슷한 3.47로 분석되었으며, 조직의 목적을 위해 최선의 노력을 발휘하려는 조직에 대한 애착(평균: 3.60)은 높은 것으로 분석된 반면 조직이나 기관에 근속하려는 의지(평균: 3.21)는 상대적으로 낮은 것으로 분석되었다. 또한 노인복지관장의 서번트 리더십 수준과 사회복지사와의 조직몰입의 관계에 대한 결과는 사회복지사가 지각한 노인복지관장의 진실성(P<0.001), 존

중성(P<0.001), 공정성(P<0.001) 등에 대해서 긍정적인 평가를 하는 사회복지사일수록 기관에 대한 조직몰입도가 큰 것으로 분석되었다. 이는 사회복지사가 노인복지관장의 서번트 리더십에 대해 긍정적으로 지각할수록 노인복지관에 대한 조직몰입도가 큰 것으로 해석할 수 있다.

진실성, 존중성, 공정성이라는 3개의 상위구인을 설정하고, 이 안에 사회복지사의 성별, 연령, 경력, 직급, 타 직종 종사여부, 근무기간, 최종학력이라는 7개를 하위구성 요인으로 상정한 뒤, 2회의 독립된 요인분석이 실시되었는데, 두 차례의 요인분석을 통해 내적일관성이 증가된 문항을 추출할 수 있었고, 총 누적설명변량이 1차 13.2%였던 것이 2차에서 41.9%로 증가되었다. 이는 사회복지사의 조직몰입도가 조직 환경 및 인구사회학적 요인에 영향요인을 갖지만 노인복지관장의 서번트 리더십 수준이 상대적인 결정요인을 갖는 것으로 해석할 수 있다.

연구문제5에서는 서번트 리더십의 행동 특성 중 노인복지관장과 사회복지사와의 조직몰입에 크게 영향을 미치는 요인은 존중성(Pearsons' r=0.850), 공정성(Pearsons' r=0.811), 진실성(Pearsons' r=0.694) 순으로 분석되었다. 존중성 결정요인에서는 지원, 직장조화, 실수 수용 순으로 분석되었으며, 공정성 결정요인에서는 공정 승진, 중요구성원으로의 대우, 근면성 인정, 특정인 편애 순으로 분석되었고 진실성 결정요인에서는 결정권한, 기대제시, 통솔력 순으로 분석되었다. 이러한 관장의 진실성과 존중성 및 공정성은 직급이 높은 사회복지사들에 비해 직급이 낮은 사회복지사일수록 상대적으로 부정적인 인식을 갖는 것으로 분석되었다. 이는 사회복지사의 조직몰입도는 사회복지사의 연령과 사회복지경력, 직급, 최종학력이 높을수록 상대적으로 긍정적인 평가를 할 수 있다고 해석할 수 있다. 또한 조사응답자 개인이 지각하는 서번트 리더십 수준과 조직몰입도는 노인복지관에 따라서 유의한 차이로 해석할 수 있다.

기존의 사회복지기관을 대상으로 하는 직무만족 관련 양적 조사의 경우 개인을 대상으로 하여 영향요인을 연구하였으나, 본 연구에서는 268명의 개인응답자와 95개 노인복지관을 구분하여 연구를 실시하였다. 그 결과 서번트 리더십에 있어 영향요인 순위에 대한 차이가 다르게 분석되었다. 또한 조직몰입도에 있어 개인보다는 노인복지관에 대한 설명력이 더욱 큰 것으로 분석되었다. 총 누적설명변량이 1차 6.3%였던 것이 2차에서 45.0%로 증가되었다. 이는 노인복지관이 지각하는 서번트 리더십 특성이 조직몰입도에 큰 영향을 갖는다고 해석할 수 있다. 그만큼 사회복지사들의 근무하고 있는 노인복지관의 조직몰입을 위한 노인복지관장의 서번트 리더십 수준에 의한 조직 환경이 그만큼 중요하다고 해석할 수 있다.

2. 연구결과의 제언

본 연구는 노인복지관이 종사하고 있는 사회복지사들이 지각하는 노인복지관장의 서번트 리더십이 조직몰입의 결정요인을 검증하는 것을 목적으로 하였다. 본 연구결과에 대한 모형의 구성 및 이론적인 제언, 임상적인 제언 측면에서 연구의 의의를 정리하면 다음과 같다.

1) 이론적인 제언

노인복지관에 종사하는 사회복지사의 지각된 리더십 중 서번트 리더십에 대한 인식이나 조직몰입에 대한 기존의 연구가 사회복지 분야에는 미흡했던 만큼, 이를 통해 노인복지관에 종사하고 있는 사회복지사에 대한 업무의 질적 환경 향상을 위한 이론적 토대를 제공했다는 점에서 진일보한 것이다. 서번트 리더십과 조직몰입에 대한 이론은 경영학, 행정학 등의 분야를 중심으로 이루어져 왔으나 최근 들어 교육, 문화 등 사회전반으로 확산되고 있다. 하지만 조직의 조직몰입의 결정요인에 대한 서번트 리더십은 사회복지분야에 대해서 시초가 되리라 사료되는 점에서 본 연구가 갖는 의의가 있다.

본 연구는 리더십의 형태 중에서 서번트 리더십과 그 대상을 노인복지관에 근무하고 있는 사회복지사로 한정하였다. 따라서 이론적 배경에서 살펴본 서번트 리더십 이론과 하위요인들을 사회복지사들에게 적용하는 데는 몇 가지 측면에서 정리가 필요하다. 서번트 리더십 측정과정에서 우려되었던 것은 서번트 리더십의 하위요인을 설정하고 이를 근거로 서번트 리더십 측정도구를 설정함에 있어 경청(listening), 공감(empathy), 치유(healing), 설득(persuasion), 인지(awareness), 통찰(foresight), 비전의 제시(conceptualization), 청지기 의식(stewardship), 구성원의 성장(commitment growth), 공동체 형성(community building)의 서번트 리더십 10가지 개념적 특성을 재구성하여 적용하는 것이 가능한가 하는 점이었다. 따라서 이런 부분을 어떻게 해결하는가에 주안점을 두었다. 이 과정에서 서번트 리더십의 구성요인으로 설정한 진실성, 존중성, 공정성인 3가지를 재구성하여 서번트 리더십 특성을 반영하도록 연구모형을 구성하였다. 이를 사전검사를 통해 신뢰도를 산출하고 내용타당도를 분석하여 논리적인 타당도 검증의 과정을 거쳤다. 척도의 타당도를 높이기 위해서 양적방법인 요인분석이 유용하지만 선행 서번트 리더십 측정에 대한 선행연구가 미흡하여 이론 축적이 미약한 관계로 전문가를 통한 내용타당도 검증을 실시하였다. 또한 용어 사용에 대해서는 servant가 '종'과 '하인'의 뜻을 가지고 있지만, 서번트 리더십이 국내에 소개되는 과정에서 '섬김', '봉사', '종', '서비스' 등 다양한 용어로 번역됨으로 용어의 혼란이 예상되기 때문에 명료한 개념전달을 저해할 수 있다. 따라서 서번트라는 원래의 용어를 그대로 사용하였다.

2) 임상적인 측면 제언

본 연구는 사회복지사의 조직몰입도에 영향을 주는 서번트 리더십 특성을 연구하는 데 의의가 있으며, 이에 조직몰입에 대한 사회복지현장에서 실제적으로 적용할 수 있는 요인들을 서번트 리더십을 적용해 보고자 했다.

첫째, 사회복지사의 조직몰입에 영향을 주는 서번트 리더십 특성 중 진실성 하위구성 요인 중 자율적으로 의사 결정할 수 있는 권한, 주요한 이슈나 변화사항에 대한 공유, 노인복지관장의 조직의 명확한 비전과 달성방법에 대한 명확성, 노인복지관장의 건의와 질문에 대한 솔직한 피드백, 노인복지관장의 약속이행 등이 통계적으로 유의미한 영향요인으로 분석되었다. 이를 통해 사회복지사의 자율적 의사결정 권한을 갖거나 이슈나 변화에 대해 공유하고자 하는 욕구를 갖고 있음을 알 수 있다. 기존의 노인복지관에서의 하향식 의사전달이 아닌 종사자 개인이 기관의 목표와 가치를 공유하고 의사소통관계를 개선하며, 조직구성원들이 의사결정에 참여하는 권한이 주어질 때 직원들의 조직몰입도를 높일 수 있다.

둘째, 사회복지사의 조직몰입에 영향을 주는 서번트 리더십 특성 중 존중성 영역에서 직장과 개인생활을 위한 기관장의 배려, 편안한 마음으로 일할 수 있는 분위기 조성, 전문적 성장을 위한 교육 및 개발기회, 지원, 일하기 좋은 환경과 인프라 구축 등이 통계적으로 유의미한 영향요인으로 분석되었다. 이를 통해 알 수 있듯이 직장생활을 위한 개인생활의 존중과 자기발전을 위한 기회 및 지원 등은 조직구성원의 조직몰입에 중요한 결정요인이라 할 수 있다. 조직구성원들이 자신의 역량과 재능을 발휘할 수 있도록 환경을 조성해 주는 것은 개인의 발전을 위해서뿐만 아니라 조직을 위해서도 중요함을 본 연구를 통해서도 알 수 있다. 또한 이를 위해 관장은 조직구성원들의 개인생활을 존중해 주고 개인발전을 위한 교육환경과 교육 기회제공이 필요하다 할 수 있다.

또한 실무적인 차원에서 보더라도, 조직의 목표를 달성하기 위한 기존의 거래적 리더십의 필요성보다는 인간적인 측면을 중심으로 하는 서번트 리더십의 유효성이 보다 효과적이라 할 수 있을 것이다. 따라서 최근 경쟁의 가속화로 비롯된 조직구성원들의 생각과 마음을 사로잡기 위해서는 혁신주도적인 리더십의 필요성도 중요하지만 서번트 리더십과 같이 인간중심적인 리더십에 대한 조직구성원들의 기대감이 더 크다고 할 수 있다.

셋째, 사회복지사의 조직몰입에 영향을 주는 서번트 리더십 특성 중 공정성 영역에서 중요한 구성원으로서의 대우, 부당성에 대한 공정한 처리, 개인의 능력과 성과에 따른 공정한 승진 등이 통계적으로 유의미한 영향요인으로 분석되었다. 이를 통해 알 수 있듯이 조직구성원들은 조직 내에서 중요한 구성원으로서의 대우를 받기를 원하고, 그 속에서 공정한 보상을 받기를 강력히 희망하는 것으로 분석되었다. 이는 본 연구 대상자를 노인복지관에 국한하기는 했지만 사회복지전반을 통해서도 유의미함을 나타낼 것이다. 한 개인이 조직구성원으로 중요하게 대우받는다고 느껴질 때 개인의 자존감뿐만 아니라 조직몰입도 또한 높아질 것이다. 또한 조직구성원들에 대한 공정한 승진과 승격은 조직몰입도에 있어 중요한 결정요인인데, 기존의 사회복지기관의 보편적이고 정례화된 승진이나 승격은 단순 경력 및 연륜에 의한 것이다. 그러므로 조직의 발전 및 이를 구성하고 있는 조직구성원들의 공정한 승진과 보상을 위해서 능력과 창의성 등을 반영하는 객관화되고 보편타당한 척도의 개발은 필수적이라 할 수 있을 것이다.

3. 연구의 의의와 한계

본 연구는 노인복지관에서 노인복지관장의 서번트 리더십이 조직몰입에 긍정적인 영향을 미친다는 연구결과를 제시함으로서 서번트 리더십을 통한 효율적인 조직관리가 이루어질 수 있음을 시사했다. 또한 노인복지관 사회복지사의 관장에 대한 서번트 리더십 지각수준과 노인복지관의 서번트 리더십 수준과의 비교연구를 통한 유의도를 실증 연구하였다. 또한 관장의 서번트 리더십 수준과 특성에 대한 선행연구가 미흡했지만 본 연구를 통하여 관장의 서번트 리더십의 수준을 제시했고 관장의 서번트 리더십과 사회복지사들의 조직몰입의 관계를 밝히는 목적으로 유사한 분야에서는 진행되었지만(최남례 2005, 백경숙·윤지영 2006) 사회복지분야의 최초의 연구이다.

연구결과 사회복지사가 지각한 노인복지관장의 서번트 리더십은 조직몰입도에 유의적인 영향을 미치는 것으로 분석되었다. 그러나 서번트 리더십에 관련한 조직몰입 연구로 인하여 몇 가지 연구의 한계점을 가지고 있다.

첫째, 사회복지기관 중 노인복지관에 한정을 두고 연구하였기에 사회복지 전체분야를 포괄하지 못하기 때문에 사회복지 현실을 모두 반영하고 있지 않아서 연구의 결과를 일반화할 수 없고 모든 기관들에 적용하기에는 한계가 있다.

둘째, 측정한 서번트 리더십 수준은 실제의 서번트 리더십 수준을 측정한 것이 아니라 사회복지사가 지각한 노인복지관장의 서번트 리더십 수준을 조사하였기에 실제 노인복지관장의 서번트 리더십 수준을 측정하기 어렵다는 한계가 있다.

셋째, 서번트 리더십의 하위영역과 조직몰입 간 두 변수 간의 유의도를 분석함으로서 서번트 리더십 변수의 유효성 차이를 검증하였다. 그러나 서번트 리더십 변수인 진실성, 존중성, 공정성 세 가지로 한정하고 비교할 수 있는 리더십의 다양한 유형들을 다양한 성과변수와 비교한다면 보다 세부적인 유의미한 결과를 얻어낼 수 있었을 것이다. 조직몰입의 다양한 결정요인 중에서도 동일시, 애착, 근속으로 제한하여 연구하였기 때문에 다른 조직몰입의 요인을 검증하지 못하는 한계가 있다.

넷째, 통계적으로 유의미한 값이 도출되면 현상에 대해 통계적인 의미를 살펴볼 수는 있지만 현상을 수치로만 설명할 수 없다는 한계가 있다.

참고문헌

▣ 국내문헌

강철희·김교성. 2003. "사회복지사의 조직몰입에 관한 연구: 조직 냉소주의의 매개효과를 중심으로".『한국사회복지학회』. 제33권 pp.257－283.

구본동. 1999. "변혁적 리더십과 가부장적 리더십이 임파워먼트와 조직몰입에 미치는 영향". 한국외국어 대학원 박사학위논문.

권석균. 2000. "부하의 상급자 신뢰에 상급자의 행동 특성과 능력, 사회적 유사성 및 교환관계 특성이 미치는 영향". 경영학연구29권 1호.

김광수. 2002.『서번트 리더십』. 시대의창.

김수경. 2005. "환대기업의 관계마케팅에서 신뢰가 충성도에 미치는 영향". 계명대 대학원 박사학위논문.

김성철. 2007.「서번트 리더십과 NGO」. 평화사회복지연구소.

김일석. 2001. "리더행동과 신뢰 인식유형이 직무 반응에 미치는 영향에 관한 연구". 대전대 대학원 박사학위논문.

김정주. 1999. "인사관리체계의 분배공정성과 절차공정성: 제조업 생산직 노동자를 중심으로". 연세대 대학원 박사학위논문.

김형철. 2002. "리더십 유형 및 리더에 대한 신뢰와 조직몰입의 관계 연구". 경남대 대학원 박사학위논문.

김호정. 1999. "신뢰와 조직몰입".『한국행정학회』. 제33권 pp.19－35.

박풍규. 2004. "사회복지조직 최고관리자의 리더십에 관한 연구: 리더십 유형·

상황 및 효과성 간의 관계를 중심으로". 충북대 대학원 박사학위논문.

백경숙·윤지영. 2006. "교사가 지각하는 유아교육기관의 서번트 리더십과 직무만족도와의 관계".『한국아동복지학회』. 제27권 pp.67-79.

보건복지부. 2006. 노인복지회관 운영지침.

송광영. 2004. 윤리경영의 인식 및 실천 정도와 조직유효성의 관계에 있어서 신뢰의 조절효과. 대전대 대학원 박사학위논문.

신두봉. 1997. "조직몰입의 유형과 영향변수에 관한 탐구적 연구: 기업유형을 중심으로". 성균관대 대학원 박사학위논문.

여인길. 2004. "리더십 유형이 조직성과에 미치는 영향". 경희대대학원 박사학위논문.

윤대균. 2004. "호텔조직에서의 서번트 리더십이 종사원의 태도에 미치는 영향". 대구대 대학원. 박사학위논문.

이강옥·손태원. 2004. "변혁적 리더십과 거래적 리더십이 조직몰입에 미치는 영향에 관한 연구".『대한경영학회』. 제46권 pp.2139-2160.

이관응. 2001. 신뢰경영과 서번트 리더십. 엘테크.

이수도. 2000.『조직행동론』. 형설출판사.

이정·장영철. 2003. "리더십 유형이 조직몰입에 미치는 영향에 관한 연구: 조직 신뢰를 매개변인으로".『한국인사관리학회』. 제18권 pp.137-172.

이홍기. 2004. "리더십 유형과 조직후원인식, 신뢰, 몰입 그리고 이직의도 간의 관계에 관한 연구". 경기대 대학원 박사학위논문.

정기산. 2002. "중간관리자의 리더십 유형별 행동 특성과 신뢰와의 관계". 서울대 대학원 박사학위논문.

차현수. 2004. "현장관리자의 서비스 리더십 특성이 종사자의 직무태도와 서비스 성과에 미치는 영향". 경기대 대학원 박사학위논문.

채순화. 2004. "변혁적 리더십, 임파워먼트, 신뢰 및 조직몰입과의 관계". 영남대 대학원 박사학위논문.

최남례. 2005. "서번트 리더십에 대한 유아교육기관 종사자의 지각이 조직 헌신성에 미치는 영향".『한국영유아보육학회』. 제42권 pp.41-57.

황성훈. 2005. "조직몰입과 전문직몰입의 결정요인에 관한 연구: 조직지원인식의 매개효과를 중심으로". 영남대 대학원 박사학위논문.

■ 외국문헌

Allen, N. & Meyer, J. 1990. *"The measurement and antecedents of affective, continuous, and normative commitment." Journal of* occupational psychology, Vol.63, pp.1－18.

Bass, B. M. 1990. *"Stogdill's handbook of leadership: theory* reaserch and managerial application."* 3rd ed., N.Y: Free Press.

Becker, H. S. 1980. *"Note on the concept of commitment."* American journal of sociology, Vol.66, pp.32－40.

Block, P. 1998. *"From leadership to citizenship."* In Spears, L.C. (Ed.). Insights on leadership: service, stewardship, spirit, and servant leadership, New York: Jossey－Bass, Inc.

Boyer, G. B. 1999. *"Turning points in the development of male servant － leaders."* Unpublished doctoral dissertation, the fielding institute.

Buchanan, B. 1979. *"Building organizational commitment: the socialization of managers in work organizations."* Administrative science quarterly, Vol.19, pp.533－546.

Burns, 1978. *Leadership*, New York, N.Y.: Harper and Row.

Cook, T., & Wall. 1980. *"T. New work attitude measures of trust, organizational commitment and personal need nonfulfilment."* Journal of Occupational Psychlogy, 53.

Covey, S. R. 1991. *"Principle －centered leadership."* New York, N.Y: Simon and Schuster－Fireside.

DeCoths, T. A. & Summers, T. P. 1987. *"A path analysis of a model of the antecedents of consequences of organizational commitment."* Human relations, Vol.40.

Farling, M. L., Stone, A. G. & Winston, B. E. 1999. *"Servant leadership: setting the stage of empirical research."* The ournal of leadership studies, Vol.6, No.1.

Gillham. 1998. *"Images of servant leadership in education."* Unpublished doctoral dissertation, Northern arizona university.

Girard, S. H. 2000. *"Servant leadership qualities exhibited by illinois public school district superintendents."* Unpublished doctoral dissertation, saint louis university.

Greenleaf, R. K. 1970. *"The servant as leader."* Indianapolis: the Robert, K. Greenleaf Center.

Greenleaf, R. K. 1970. 1991. *"The Servant as leader."* Indianapolis: R. K. Greenleaf center.

Greenleaf, R. K. 1970. 1998. *"The power of servant leadership."* Ed. by Spears, L.C., Berrett koehler publishers, Inc.

Hrebiniak, L. G. & J. A. Allutto. 1985. *"Personnel and role –related factors in the development of organizational commitment."* A.S.Q, Vol.17.

Laub, A. J. 1999. *"Assessing the servant organization: Development of the servant organizational leadership assessment(SOLA) instrument."* Unpublished doctoral dissertation, Florida atlantic university.

Levering, R. 2000. *"A Great Place to Work: What makes some employers so good."* San Francisco: A Great Place to Work Institute.

Livovich, M. P. 1999. *"An investigation of servant leadership in public school superintendents in the state of indiana."* Unpublished doctoral dissertation, indiana state university.

McGee–Cooper, A. 1998. *"Accountability as covenant: the taproot of servant leadership."* In Spears, L.C.(Ed.), Insights on leadership: service, stewardship, spirit, and servant leadership, New York: John Wlley & Sons, Inc.

Mitchell T. & E. Wood. 1980. "Supervisor's Responses to Poor Performance; A Test of An Attributions Model." *Journal of Applied Psychology*, Vol.25, pp.123–138.

Mowday, R. Porter, L. M. & Steers, R. M. 1982. *"Employee –Organization Linkages: The Psychology of Commitment, Absenteeism, and Turnover."*

New York: Academic press.

O'Reilly Ⅲ. C. & Chatmen, J. 1986. *"Organizational commitment and psychological tachment: The effects of compliance, identification and internalization on prosocial behavior."* Journal of applied psychology, 71. pp.492－499.

Podsakoff, P. M. 1990. *"Substitues for leadership: effective alternatives to ineffective leadership."* Organizational dynamics. 19(1).

Podsakoff, P. M. 1990. *"Transformational leader behaviors and their effects on followers' trust in leader, satisfaction and organizational citizenship behaviors."* Leadership quarterly. 1(2).

Putti, R. J. 1995. *"Social welfare adminstration."* Englwood cliffs, N.J,: Prentice.

Reicher, A. E. 1985. *"A review and reconceptualization of organizational commitment."* Academy of management review, 10.

Russell, R. F. 2000. *"The role of values in servant leadership. Leadership and organizational development journal."* Vol.22, No.2.

Senge, P. M. 1995. *"The fifth discipline: the art and practise of the learning organization."* N. Y.: Doubleday.

Senge, P. M. 1995. *"Robert Greenleaf's Legacy: A new foundation for twenty －first century institutions:, Reflection on leadership: How Robert K. Greenleaf's theory of servant －leadership influenced today's top management thinkers."* New York: John Wiley & Sons, Inc.

Sims, B. J. 1997. *"Servanthood: Leadership for the third millennium."* Boston: Cowley publications.

Smith, R. W. 1995. *"Servant leadership: a pathway to the emerging territory."* In spears, L.C.(Ed.). Reflection on leadership: How Robert K. Greenleaf's theory of servant－leadership influenced today's top management thinkers. New York: John Wiley & Sons, Inc.

Spears. L. 1995. *"Introduction: Servant －leadership and the greenleaf legacy."* In spears, Reflection on Leadership: How Robert K. Greenleaf's Theory of servant－leadership influenced today's top management,

N. Y.: Willy.

Spears. L. 1995. *"Reflection on leadership."* How Robert K. Greenleaf's theory of servant-leadership influenced today's top management thinkers. New York: John Wiley & Sons, Inc.

Steers, R. M. 1977. *"Anecedent and outcomes of organizational commitment."* Administrative science quarterly, Vol.22.

Walker, P. D. 1997. *"A case study of servant leadership."* Unpublished doctoral dissertation, the university of san francisco.

Weiner, Y. 1982. *"Commitment in organization: A normative view."* academy of management.

Wheaton, C. E. 1999. *"Servant leadership and the public school superintendent."* Unpublished doctoral dissertation, Gonzaga university.

Zohar, D. 1997. *"Rewiring the corporate brain."* San francisco: Berrett-Koehler.

• 저자 •

김성철　　•약　력•

서울신학대학교 사회복지학과 졸업
서울신학대학교 대학원 신학석사학위(Master of Divinity)
중앙대학교 대학원 사회복지학과 석사
숭실대학교 대학원 사회복지학과 박사
인천대학교 대학원 경영학과 박사과정 수료

- 그리스도대학교, 서울신학대학교, 성결대학교, 수원여자대학, 숭실대학교,
  한영신학대학교, 장로회신학대학원, 수원대대학원, 인천대대학원 등에서
  강의
- 부천종합사회복지관
  연수구노인복지관 관장
  인천광역시 노인종합사회복지관협회장 역임

현재) 평화사회복지연구소 대표
　　　인천광역시 사회복지정책 부위원장
　　　경영혁신원 책임연구원
　　　성산효대학원 사회복지학과 주임교수
　　　성산종합사회복지관장

•주요논저•

『A study about church social work through special mission』
『NGO & Diakonia of Church』
『A study altruism of R. M. Titmuss, Diakonia』
『지역사회조직을 통한 교회사회봉사에 관한 연구』
『복지자원체계의 통합 Network의 이론과 고찰』
『고령사회 Network의 NPO와 NGO의 자원체계』
『이타주의가 사회복지 사상에 끼치는 영향에 관한 연구』
『교회와 사회교육에 대한 새로운 이해』
『IMF 경제위기와 교회의 역할과 책임』
『희년과 토지에 관한 소고』
『NGO 입장에서 본 교회의 사회참여에 관한 연구』
『교회사회복지실천론에 관한 연구』
『나눔과 섬김의 복지』
『교회사회사업』
『사회복지의 역사』
『사회복지 역사의 의미』
『나눔과 섬김의 교회』
『만남의 의미』
『미래사회와 인간』
『시민사회와 종교사회복지』
『교회사회복지실천론』
『NGO와 리더십』
외 다수

사회복지적 리더십

• 초판 인쇄	2007년 9월 10일
• 초판 발행	2007년 9월 10일
• 지 은 이	김성철
• 펴 낸 이	채종준
• 펴 낸 곳	한국학술정보㈜
	경기도 파주시 교하읍 문발리 526-2
	파주출판문화정보산업단지
	전화 031) 908-3181(대표) · 팩스 031) 908-3189
	홈페이지 http://www.kstudy.com
	e-mail(출판사업부) publish@kstudy.com
• 등 록	제일산-115호(2000. 6. 19)
• 가 격	8,000원

ISBN   978-89-534-7513-7 93330 (Paper Book)
         978-89-534-7514-4 98330 (e-Book)